펀드 Fund 투자 Investment
아는 만큼 고수익 올린다

펀드 fund 투자 Investment
아는 만큼 고수익 올린다

김재욱 · 염후권 지음

중앙경제평론사

저자의 말

"금리가 너무 낮아서 투자할 곳을 찾을 수가 없다."

요즘 여러 사람이 모인 곳이면 항상 나오는 이야기이다. 과거에는 금융자산이 3억 원 정도만 있으면 노후생활에 대한 걱정은 크게 할 필요가 없었다. 그러나 세상이 너무도 많이 바뀌었다. 은행 예금은 금리가 너무 낮아서 맡기기가 곤란하고, 직접 주식에 투자하자니 경기가 불투명하여 위험을 느끼는 것이 일반투자자들의 솔직한 심정일 것이다. 그렇다고 이대로 가만히 앉아서 보고만 있을 수도 없는 일 아닌가.

이제 새로운 펀드 투자의 시대가 도래했다. 2004년 4월 '자산운용업법'의 제정으로 다양한 펀드 상품들이 쏟아져 나오고 있으므로 경기상황을 정확하게 파악하여 적절한 펀드를 선정하면 우수한 수익률을 얻을 수 있을 것이다.

주가지수만 쳐다보고 펀드에 투자하는 시대는 지났다. 주가지수가 떨어져야 수익률이 오르는 펀드도 많이 등장하고 있다. 중요한 것은 어느 쪽을 선택하느냐는 것이다.

  이 책은 여러분의 이러한 필요욕구를 충족시키기 위해서 개별 상품별 특성과 투자시점을 포착하는 데 상당한 지면을 할애하였다.

  자그마한 가전제품을 구입할 때도 이 사람 저 사람에게 물어보거나 인터넷을 찾아보지 않는가? 하루에 30분씩 한 달만 펀드에 대해 공부하면 반드시 길이 보일 것이다. 그리고 금융기관의 전문 펀드매니저나 금융자산관리사(FP)와 반드시 상담을 해야 한다. 장기적인 자산운용 계획을 세우고 이를 실천하면 보다 안정적인 미래의 소득을 기대할 수 있을 것이다.

  미래는 계획하고 준비하는 여러분의 편에 서 있다.

저자

차례

1장 새로운 투자시대의 도래

투자란 무엇인가 / 15
투자와 투기는 어떻게 다른가 / 15
투자할 때 지켜야 할 원칙 / 17
직접투자와 간접투자의 차이 / 20
투자위험이란 무엇인가 / 23
위험과 기대수익률의 관계 / 25
분산투자의 매력 / 27
적절한 투자기회는 언제인가 / 30

펀드 투자는 왜 필요한가 / 33
저금리 시대의 본격화 / 33
고령화 사회로 진입 / 35
사회보장제도의 미비 / 37
외국의 펀드 투자 사례 / 38
자산운용업법의 제정 / 41

2장 펀드 투자란 무엇인가

펀드 투자에 대해 알아보기 / 49
펀드 투자란 무엇인가 / 49
펀드 투자의 장점 / 50
펀드는 어떻게 운용하나 / 53
수익증권이란 무엇인가 / 60
투자신탁설명서란 무엇인가 / 61
매매 기준가격이란 무엇인가 / 62
과표 기준가격이란 무엇인가 / 64
내가 가입한 펀드 수익률 어떻게 계산하나 / 66
수익증권 환매 / 68
투자신탁 보수 / 70
펀드 운용의 절차 / 70
펀드의 결산은 어떻게 하나 / 75
펀드 투자의 역사 / 76

3장 펀드에는 어떤 유형이 있나

펀드의 유형 / 81
주식형 펀드와 채권형 펀드 / 81
수익증권과 뮤추얼펀드 / 86
가치주 펀드와 성장주 펀드 / 91

공모 펀드와 사모 펀드 / 93
인덱스 펀드, 테마 펀드, 엄브렐러 펀드, 벌처 펀드 / 93
개방형 펀드와 폐쇄형 펀드 / 96
역내 펀드, 역외 펀드, 외국 펀드 / 98
일반과세형 펀드, 세금우대형 펀드, 분리과세형 펀드, 비과세형 펀드 / 99

4장 펀드 투자는 어떻게 하나

펀드 투자의 요령 / 105
자신에게 적합한 펀드를 찾는다 / 106
펀드 투자의 타이밍 / 109
투자 펀드의 유형을 결정하는 방법 / 112
어떤 펀드매니저가 우수한가 / 116
펀드에 가입하기 전에 투자신탁설명서를 검토하자 / 119
펀드 가입 후에는 운용상황을 확인하자 / 122
펀드를 환매할 때 유의할 점 / 123
원금보존 펀드에는 함정이 있다 / 125
해외 펀드는 어떻게 고르나 / 127

5장 이럴 때는 이런 펀드에 투자하라

상황에 따른 펀드 투자 / 133
시장변화에 신속히 대응하고자 할 때 : 엄브렐러 펀드 / 134

항상 안정적인 수익을 원할 때 : **시스템형 펀드** / 136

푼돈으로 목돈을 만들려고 할 때 : **적립식 펀드** / 140

위험부담이 있더라도 높은 수익을 원할 때 : **후순위채 펀드** / 143

금융시장이 불안할 때 : **부동산 펀드** / 145

부동산 경매에 참여하고 싶을 때 : **경매 펀드** / 149

달러의 가격하락이 예상될 때 : **황금 펀드** / 150

성장성이 높은 해외 시장에 투자하고 싶을 때 : **해외 펀드** / 154

안정된 노후 생활자금이 필요할 때 : **연금저축 펀드** / 158

우수한 펀드만 골라서 투자하는 펀드 : **재간접투자 펀드** / 160

주가지수 수익률을 따라가고자 할 때 : **상장지수 펀드** / 161

주가하락기에 수익을 얻고자 할 때 : **리버스 인덱스 펀드** / 163

심한 인플레이션이 예상될 때 : **상품 펀드** / 166

연말에 배당수익과 세금혜택을 얻고자 할 때 : **절세형 펀드, 배당형 펀드** / 169

확정이자를 받고 싶을 때 : **선박 펀드** / 173

6장 연령대별 펀드 투자

자신의 상황에 맞는 재무설계 / 179

재무설계란 무엇인가 / 179

재무설계는 왜 필요한가 / 180

재무설계의 목표는 무엇인가 / 182

재무설계는 어떻게 하는가 / 183

연령대별 펀드 투자 / 189

7장 펀드 관련 주요 금융제도

예금자보호제도 / 203
예금자보호제도의 의의 / 203
예금자보호제도의 주요 내용 / 204

신용평가제도 / 208
신용평가의 의의 / 208
신용평가의 중요성 / 209
상품별 신용등급 기준 / 210

랩 어카운트 / 213
랩 어카운트의 의의 / 213
랩 어카운트의 발생 배경 / 214
상품의 유형 / 216
투자자의 선택기준 / 219

증권종합계좌 / 220
증권종합계좌의 의의 / 220
증권종합계좌의 이점 / 221
종합자산관리 계좌의 구조 / 221

자산 유동화 증권 / 223
자산 유동화 증권의 의의 / 223
제도의 특징 / 223
자산 유동화 증권의 종류 / 224

자산 유동화 증권의 참여기관 / 225
자산 유동화 증권 발행절차 / 226

주택저당 증권 / 228
주택저당 증권의 의의 / 228
주택저당 증권의 기본 구조 / 229
대출채권 유동화의 효과 / 229

8장 금융소득 절세전략

절세방법 알아보기 / 233
종합과세 대상소득이란 무엇인가 / 234
종합소득세의 계산 / 234
금융소득 종합과세란 무엇인가 / 235
종합과세가 분리과세보다 유리한가 / 236
비과세되는 금융소득은 어떠한 것이 있는가 / 237
세금우대 종합저축제도란 무엇인가 / 239
만기 10년 이상인 채권은 종합과세 대상인가 / 240
분리과세 상품을 어떻게 활용하나 / 241
종합소득세 세액공제 항목 / 242
사례 비교 / 243
모든 종합소득을 신고해야 하나 / 246
그밖의 절세요령 / 247

부록
알기 쉬운 펀드 용어사전 / 251
자산운용사 / 투자자문사 / 274

1장

새로운 투자시대의 도래

투자란 무엇인가

투자와 투기는 어떻게 다른가

우리는 미래에 보다 나은 수익을 얻기 위해 현재의 소비를 억제하면서 투자 또는 저축행위를 계속하고 있다. 이러한 투자 또는 저축행위는 현재의 소비로부터 얻는 만족감보다 예상되는 미래의 이익으로부터 얻는 만족감이 더 클 것으로 기대하기 때문에 취하는 행동이다.

예를 들어 우리에게 1억 원이란 돈이 생겼다고 가정하자.

우리는 이 돈을 증식하기 위해 일체의 소비행위를 하지 않고 은행의 정기예금에 가입할 수도 있고, 증권회사에 가서 주식을 매입할 수도 있으며, 은행에 가서 달러를 매입하거나, 가격상승을 예상하여

금을 사모을 수도 있으며, 개발 가능 정보를 입수하여 부동산을 구입할 수도 있다. 그리고 사람에 따라서는 외국에 나가 카지노에서 도박을 할 수도 있을 것이다.

이러한 모든 행위는 현재의 소비를 억제하고 미래의 보다 큰 이익을 기대하는 행위로서 넓은 의미에서 이를 투자라고 할 수 있다. 이 가운데 은행 정기예금에 가입하는 것은 가장 안정적인 이익을 취하는 방법으로 이를 저축(Saving)이라 하고, 주식·달러·부동산 등을 매입하는 행위는 투자(Investment)라고 하며, 이보다 투자기간이 짧고 위험의 정도가 더욱 큰 경우를 투기(Speculation)라고 한다. 그리고 정보나 분석의 근거 없이 우연성을 추구하는 경우를 도박(Gambling)이라고 할 수 있을 것이다.

일반적으로는 저축과 투자와 투기와 도박을 미래의 기대수익과 위험의 정도에 따라 구분한다. 저축은 거의 위험이 없이 확실하게 적은 수익을 기대하는 행위이고, 투자·투기는 어느 정도의 위험을 감수하면서 보다 높은 수익을 기대하는 행위로서 투자자산의 위험의 크기와 투자기간의 장단기에 따라 구분한다. 도박은 매우 큰 수익을 얻을 수도 있지만 그 확률이 극히 미미하며, 엄청난 위험 속에서 원금의 손실 가능성이 아주 큰 경제행위라 할 수 있다.

대체로 투기는 투자보다 훨씬 짧은 기간에 높은 수익을 바라는 윤리적으로 나쁜 것으로 인식되는 경우가 많다. 따라서 부동산 투자는 좋지만 부동산 투기는 나쁘다고 인식한다.

그러면 다시 이야기를 투자로 돌려보자. 만약 우리 앞에 1억 원이 주어지고 이 돈을 가지고 투자를 하려고 할 때 여러 가지 방법 중에서 어떠한 기준을 가지고 투자대상을 결정할 것인가.

이때 우리는 투자기간 동안 각 투자대상에 대한 수익률도 중요하며, 각 투자대상별로 어느 정도 위험성이 있는지도 고려하게 될 것이다. 투자를 결정할 때 기본적인 평가기준은 미래 예상수익률과 투자에 따르는 위험(원금손실 가능성)이다.

투자할 때 지켜야 할 원칙

우리가 투자를 할 때 가장 먼저 생각하는 것은 첫째, 투자원금이 안전하게 보전될 수 있는가, 둘째, 어느 정도의 수익이 예상되는가, 셋째, 내가 필요할 때 돈을 즉시 찾을 수 있는가 하는 점이다. 물론 이 세 가지 사항을 동시에 만족시킬 수 있는 투자대상이 가장 이상적이지만 현실사회에서 찾기는 불가능할 것이다.

...안정성

투자에 있어서 안정성이란 투자원금이 지속적으로 그 경제적인 가치를 유지하면서 일정한 수익을 얻을 수 있는지에 대한 것이다. 일반적으로 은행 예금이 가장 안전하며, 채권은 주식보다 수익성은 낮게 예상되지만 안정성은 보다 높은 상품이다.

하지만 채권투자도 과거 대우사태에서 원금이 일정 부분 손실이 나는 사태가 발생하여 안정성에 대한 투자의식을 더욱 새롭게 인식시켜주고 있다.

또한 안정성은 투자대상뿐만 아니라 투자지역도 고려해야 한다. 투자지역의 화폐가치가 떨어지면 투자원금에 손실이 발생할 수도 있기 때문이다.

…수익성

수익이란 일정 재산을 투자 또는 저축을 하여 얻은 이익에서 이에 소요된 각종 비용을 빼고 남은 재산의 순증가분을 의미한다. 이 증가분의 투자원금에 대한 비율을 수익률이라고 하며, 일반적으로 1년 단위로 표시한다.

그러나 수익률은 그 수치를 단순 비교할 수 없으며 세후 수익률을 고려해야 한다. 그리고 수익성은 안정성과 연관하여 평가해야 한다. 일반적으로 위험이 높은 자산은 수익도 높은 반면 위험이 낮으면 수익도 낮은 법이다.

또한 투자대상 자산의 수익률을 생각할 때 반드시 고려해야 할 사항이 있다. 첫째는 자금의 예치기간이다. 수익률은 투자기간에 따라 달라지기 때문이다. 둘째는 이자의 계산방법이다. 이는 이율을 계산할 때 단리로 계산하느냐 복리로 계산하느냐에 따라 크게 달라진다.

셋째는 금융상품에 대한 세금 관련 문제이다. 동일한 수익률이 지급되어도 세금이 공제 또는 우대되는지에 따라 실질수익률은 차이가 날 것이다.

최근 시중 은행보다 금리를 1~2% 더 지급하는 제2금융권에 자금이 집중되고 있다. 새마을금고, 상호저축은행 등에는 금리도 높고 비과세되는 상품이 있기 때문이다. 그리고 단기성 자금이 MMF와 같은 상품에 몰리는 것은 일반 예금보다는 입출금도 자유롭고 실세 금리 수준의 이자를 지급하기 때문이라 하겠다.

...유동성

유동성이란 투자자가 원하는 시기에 정상적인 수익에서 손실을 보지 않고 단기간에 현금화할 수 있는 용이도를 말한다. 현금으로 전환하는 데 많은 비용이나 시간, 노력이 소요된다면 그 자산은 유동성이 떨어진다고 할 수 있다.

일반적으로 토지나 건물 등 부동산은 유동성이 낮으며, 금융상품은 상대적으로 유동성이 높다. 또한 유가증권 중에서도 일반 주식보다는 채권이 유동성이 매우 높다.

그러나 투자자들이 안정성·수익성·유동성을 동시에 추구할 수는 없다. 이는 현대의 금융시장이 매스컴과 인터넷 등 다양한 통신수단의 발달로 점점 효율적으로 운용되어가고 있기 때문이라고 할 수 있다. 따라서 투자자는 자금의 성격과 용도, 운용기간에 따라 그에 알맞는 금융자산을 선정 · 운용해야 할 것이다.

직접투자와 간접투자의 차이

우리가 투자하는 방법은 일반적으로 직접투자와 간접투자로 구분할 수 있다. 직접투자란 투자자가 직접 투자대상을 찾아서 투자하는 행위이며, 간접투자는 수수료를 지불하고 전문 투자기관에 맡기는 행위, 즉 펀드에 투자하는 방식이다.

직접투자는 투자자 개인이 투자에 관련된 각종 정보나 자료를 직접 수집하여 이를 분석 · 검토한 다음 투자를 하는 행위이다. 그러나 개인이 직접 이러한 일을 담당하기에는 전문지식이 부족할 뿐만 아니라, 설사 가능하다 하더라도 시간과 비용이 너무 많이 소요되므로 비경제적이라 할 수 있다.

따라서 대부분의 선진국에서는 간접투자가 일반화되어 있다. 간접투자는 투자 전문가가 이러한 일을 대신 해주므로 일반투자자의 시간과 노력, 비용을 덜어주고, 분산투자로 인해 투자에 따르는 위험도 상당 부분 덜어준다.

예를 들어 백화점에 가서 TV를 하나 구입한다고 가정해보자. 구매자는 구입하기 전에 가격도 보고 기능도 살펴보지만 본인 스스로 전자제품에 대한 전문지식을 갖고 있지 않은 상태에서 최선의 선택을 하기란 쉬운 일이 아니다. 설사 매장에서는 만족해서 구매했다고 해도 집에 와서 TV를 켜는 순간 그 만족감이 실망감으로 바뀔 수도 있는 일이다.

금융시장에서 직접투자를 할 때도 이와 유사한 어려움을 겪게 된다. 그렇다면 간접투자는 어떤가. 목적지까지 자신이 직접 자가용을 몰고 간다면 여러 가지 상황을 스스로 해결하며 가야 하지만 택시를 이용한다면 뒷자리에 등을 기대고 앉아 편하게 목적지에 도착할 수 있다.

그러나 택시를 이용할 때는 택시비를 내야 하는 것처럼 투자 전문가를 활용한 간접투자를 할 때는 직접투자를 할 때와는 달리 일정액의 비용, 즉 운용수수료를 투자자가 추가로 부담해야 한다. 이것이 펀드 운용에 대한 간접투자가 갖고 있는 단점이다.

그러나 간접투자는 직접투자의 여러 가지 문제를 해결해준다. 자산운용사의 주식형 펀드에 가입하면 비교적 적은 투자자금으로 여러 종목을 동시에 매입하는 효과를 볼 수 있다. 또 전문적인 펀드매니저가 그때그때 상황에 맞게 펀드에 들어 있는 주식 종목들을 교체매매하기 때문에 종목 선정에 대한 고민도 없어진다.

그렇다고 간접투자가 직접투자보다 우월하다는 점을 강조할 의도는 없다. 본인 스스로 각종 투자정보를 충분히 검색해 투자결정을 내릴 수 있을 만큼의 시간적 여유와 전문지식을 갖춘 투자자라면 직접투자를 하는 것이 낫다.

직접투자와 간접투자

구 분	직접투자	간접(펀드)투자
매매대상	개별 종목	다양한 운용자산
투자주체	전체 투자과정을 개인이 직접 담당	펀드의 가입은 투자자, 펀드 운용은 펀드매니저가 담당
투자판단	개별 종목별 상황에 따라 판단	시장 전체의 상황과 위험을 고려, 판단
거래수수료	소액 거래이므로 수수료 높음	거액 거래이므로 수수료 낮음
세금	매매차익은 비과세 이자소득과 배당소득 부담 매도시 증권거래세 부담	매매차익 비과세 이자소득과 배당소득 부담
환매방법	3일째 수도결제 매수자 없을 때는 저가 매도	언제든지 환매 가능 입금은 4일째 실현

    그러나 초보자들이 직접투자를 할 경우 투자승률은 결코 높지 않다. 안전한 여행을 즐기기 위해선 여행 가이드가 필요한 것처럼 간접투자는 시간과 전문적 투자지식이 부족한 투자자들에게 목표수익을 얻게 해주는 가이드 역할을 한다.

    최근 우리나라에서도 투자대상이 다양한 펀드들이 등장함에 따라 투자자들의 투자 패턴이 직접투자에서 펀드를 통한 간접투자로 변화되고 있다. 간접투자의 대표적인 예가 바로 펀드 투자이다.

투자위험이란 무엇인가

투자에서 성공하려면 투자위험에 대해 이해하고 있어야 한다. 투자원금이 보장되는 저축이 아닌 한 모든 투자행위에는 위험, 즉 원금손실의 가능성이 따르게 마련이다.

투자자는 저위험·고수익을 원하겠지만 합리적이고 효율적인 시장에서는 이러한 상품은 존재하지 않는다. 즉 수익이 높은 자산은 위험도 높은 반면 수익이 낮은 자산은 위험도 낮은 법이다.

따라서 투자하기에 앞서 투자위험에 대해 이해하고 있어야 그에 합당한 투자수익을 기대할 수 있으며 적절한 투자대상 상품을 선정할 수 있다. 투자위험 수용 정도는 개인의 재무상태에 따라 달라진다. 따라서 투자계획을 수립할 때 자신이 어느 정도의 투자위험을 수용할 수 있는지를 고려해야 한다.

위험과 수익의 관계를 제대로 파악하고 있지 않으면, 즉 투자위험을 감수하지 않으면 보다 큰 수익을 기대할 수 없다는 말이다. 과거 IMF 당시나 미국 9·11테러 당시 과감한 위험을 무릅쓰고 투자한 투자자는 커다란 이익을 얻었던 사실을 우리는 알고 있다. 여기서 투자에 수반되는 위험에 대해 생각해보기로 하자.

...투자기업 위험

투자기업 위험이란 투자대상 기업이 경영부실로 인해 부도가 나서 투자원금의 회수가 어렵거나 불가능한 경우를 말한다. 이러한 위험은 내적으로는 기업 경영의 부실이 원인이지만 외적으로는 경제적 제반 사항의 악화로 인한 위험이다.

...인플레이션 위험

우리는 항상 투자원금이 보존되는 안전한 투자대상을 원한다. 그러나 원금보존이 결코 안전한 투자방법은 아니다. 인플레이션 위험이란 예상되지 않은 인플레이션에 따른 화폐의 실질가치, 즉 구매력의 하락을 말한다.

인플레이션으로 물가가 오르면 일정한 화폐로 구입할 수 있는 물건의 수량은 줄어든다는 뜻이다. 따라서 투자를 할 때는 물가상승률 이상의 수익을 얻어야 실질적인 손실을 입지 않는다.

예를 들면 현재의 1억 원의 3년 후의 가치는 3년간의 물가상승률 곱한 수준이 되어야 원래의 가치가 유지된다는 의미이다. 그러므로 최소한 인플레이션율 이상의 수익률을 얻어야 성공적인 투자라고 할 수 있다.

...시장 전체 위험

인플레이션 위험과 함께 고려해야 할 것은 시장 전체의 위험이다. 금융시장이나 실물자산 시장은 정치적·경제적인 커다란 사건으로 인해 큰 영향을 받는다. 즉 테러 발생, 유가의 급격한 상승, 금리나

환율의 급변 등으로 시장 전체가 위험에 빠지며 금융상품이나 실물 자산의 가치가 크게 떨어진다. 따라서 투자자산의 원금까지도 잃을 수 있다.

이러한 위험을 시장 전체 위험이라고 한다. 이러한 경우에는 파생 상품을 이용하는 펀드에 투자하면 위험을 상당히 해지할 수도 있고, 각 상품의 위험이 상반되게 움직이는 자산에 분산투자를 하여 위험을 어느 정도 감소시킬 수 있다.

위험과 기대수익률의 관계

투자에 있어서 위험이란 투자 후 평균적으로 기대했던 기대수익이 나오지 않을 가능성을 말한다. 기대수익이란 투자 후에 나타날 모든 상황을 예상하여 각각의 상황에서 얻게 되는 수익금액에 그것이 발생할 확률을 곱하여 이를 합한 금액이다.

그러면 기대수익률이란 무엇인가? 예를 들어 A와 B라는 두 가지 주식이 있다고 가정하자. 이 둘은 경기가 호황, 불황 여부에 따라 투자수익률이 달라진다고 하자.

A주식의 투자수익률은 호황, 불황에 따라 각각 15%와 5%이고, B주식은 각각 30%, -5%라고 가정하자. 그리고 앞으로 경기가 호황일 확률은 40%이고 불황일 확률은 60%라고 하자. 이 경우 두 주식

- A주식 : 15% × 0.4 + 5% × 0.6 = 9%
- B주식 : 30% × 0.4 + (−5%) × 0.6 = 9%

에 대한 기대수익률은 위와 같이 계산된다.

여기서 두 주식의 기대수익률은 9%로 동일하다. 그러나 투자위험은 B주식이 A주식보다 높다. 왜냐하면 기대수익률을 중심으로 B주식의 수익률 편차가 A주식보다 높기 때문이다. 그러므로 합리적인 투자자는 B보다 A를 더욱 선호할 것이다.

불확실한 투자의 세계에서는 수익률뿐만 아니라 위험에 대해서도 반드시 고려해야 한다. 이 두 가지를 고려한다는 것은 투자안의 위험이 같다면 기대수익률이 높은 투자안을 선택하며, 투자안의 기대수익률이 같다면 위험이 낮은 투자안을 선택한다는 것을 의미한다. 이것을 지배의 원칙이라 한다.

다음의 예를 들어보자. 호황과 불황일 때 다음 페이지의 표와 같은 조건이 주어지는 A, B, C 세 주식이 있다고 가정하자.

이 가운데 어느 주식에 투자하는 것이 유리한가? 우선 A와 B를 비교해보면 기대수익률은 같으나 수익률 편차가 B가 크기 때문에 A를 선택하는 것이 유리하다. 그리고 B와 C를 비교해보면 수익률 편차는 서로 같으나 기대수익률은 C가 B보다 높으므로 C를 선택하는 것이 유리하다. 그러면 A와 C 중에서는 어느 쪽이 유리한가?

기대수익률과 위험 비교

구 분	호 황	불 황	기대수익률	위험(편차)
확 률	50 %	50 %		
A	11 %	9 %	10 %	± 1 %
B	12 %	8 %	10 %	± 2 %
C	13 %	9 %	11 %	± 2 %

안정적인 투자자라면 위험이 낮은 A를 선택할 것이고 공격적인 투자자는 기대수익률이 높은 C를 선호할 것이다. 이러한 지배의 원칙은 불확실한 투자세계에서 적절한 투자방법을 선택하는 가장 기본적인 원칙이라 할 수 있다.

분산투자의 매력

현명한 투자자들은 동일한 투자수익이 예상되는 두 가지 방법이 있으면 상대적으로 위험이 적은 투자방법을 선택할 것이다. 투자 속담에 "모든 달걀을 한 바구니에 담지 말라"는 말이 있다.

이 말은 투자를 할 때 투자대상 자산을 한 가지 유형에 치중하지 말고 여러 유형의 자산에 분산하여 투자하라는 말이다. 그 이유는 한 유형에 집중하여 투자하는 것보다는 여러 유형에 분산하여 투자하는 것이 투자할 때 발생할 수 있는 위험을 줄일 수 있기 때문이다.

이는 한 유형의 자산가격이 하락할 확률(위험)이 여러 유형의 자산가격이 동시에 하락할 확률(위험)보다 더 크기 때문이다.

이와 같이 여러 유형의 자산에 분산하여 투자하는 자산의 집합체를 우리는 '포트폴리오(Portfolio)'라고 부른다. 이 포트폴리오는 주식 등 유가증권의 집합체뿐만 아니라 투자 가능한 모든 자산, 즉 부동산, 선박, 항공기, 금, 원자재 등 실물자산에까지 그 범위를 확대할 수 있다.

분산투자의 효과란 어느 특정 투자대상에 집중하여 투자하는 것보다는 여러 가지 투자대상에 분산하여 투자할 때 투자위험이 줄어드는 효과를 말한다.

다음 표는 1억 원을 투자할 때 경기상황에 따른 확률과 그때의 A, B 두 투자안의 수익률을 나타내고 있다. 투자대상은 A, B밖에 존재하지 않고 투자자 갑, 을, 병 세 사람이 투자한다고 가정하여 이때의 분산투자 효과를 살펴보자.

분산투자의 효과

구 분		확 률	수 익 률 (%)	
			투자대상 (A)	투자대상 (B)
경기 상황	상황 1	0.5	10	5
	상황 2	0.5	5	10

이 경우 갑의 기대수익률은 7.5%이므로 1억 원을 A에 투자할 경우 기대수익은 750만 원이지만 이것은 실제수익이 아니다. 실제는

경기상황이 1일 경우 1,000만 원이고, 반대의 경우에는 500만 원이 된다.

> **갑이 A자산에만 투자할 경우 기대수익률**
>
> 0.5 × 10% + 0.5 × 5% = 7.5%

이 경우 을의 기대수익률도 7.5%이므로 1억 원을 B에 투자할 경우 기대수익은 A와 같이 750만 원이지만 이 또한 실제수익은 아니다. 실제는 경기상황이 1일 경우 500만 원이고, 반대의 경우에는 1,000만 원이 된다.

> **을이 B자산에만 투자할 경우 기대수익률**
>
> 0.5 × 5% + 0.5 × 10% = 7.5%

병의 기대수익률도 개별자산에 투자한 갑과 을의 기대수익률과 동일하다. 그러나 실제로는 경기상황이 어떠한 경우라도 수익은 750만 원이 되어 기대수익률과 실제수익률이 일치한다.

> **병이 A, B 두 가지 투자대상에 반반씩 투자할 경우의 기대수익률**
>
> 〔(0.5 × 10% + 0.5 × 5%) × 1/2〕+〔(0.5 × 5% + 0.5 × 10%) × 1/2〕= 7.5%

세 사람의 투자방법에서 알 수 있는 점은 갑과 을은 기대수익과 실제수익이 다르지만 병은 두 수익이 동일하다는 것이다. 이 말은 갑과 을은 실제수익이 경기변동에 영향을 받지만, 병의 실제수익은 경기변동에 전혀 영향을 받지 않는다는 뜻이다. 즉 병의 투자방법이 가장 안전한 방법이라고 할 수 있다.

이와 같이 투자를 할 때 하나의 대상에만 투자하는 것보다 여러 가지 대상으로 분산투자하여 위험을 감소시킬 수 있으며, 이를 분산투자의 효과라고 한다. 왜냐하면 개별 투자대상 자산은 여러 가지 경제사정 등의 변화로 인해 각각의 위험과 수익률이 다르게 나타나기 때문이다.

따라서 여러 가지 자산으로 포트폴리오를 구성하면 보유자산의 전체적인 위험을 줄일 수 있다.

펀드에 투자할 때도 주식형 펀드에 집중 투자하기보다는 채권형 펀드, 대체투자형 펀드, 나아가 실물자산 펀드 등으로 구성된 여러 가지 펀드들로 포트폴리오를 구성한다면 경기변동에 따른 위험을 감소시킬 수 있다.

적절한 투자기회는 언제인가

맛있는 음식이 나와도 배가 부르면 맛이 없는 것과 마찬가지로 아무리 우수한 투자대상이라 하더라도 투자시기가 적절하지 않으면 우수한 투자성과를 얻을 수 없다. 모든 투자대상 자산은 경제상황에 따라 그 가치가 변하기 때문이다.

펀드 투자도 주된 투자대상 자산의 성격에 따라 수익률이나 위험이 다르게 나타난다. 따라서 경기전망에 따른 시장상황을 예측하여 투자하는 펀드의 유형(주식형, 채권형)을 다르게 선정해야 한다.

펀드를 운용하는 사람은 투자자가 아닌 운용회사의 펀드매니저라 하더라도 투자시기를 결정하는 사람은 투자자 자신이다. 따라서 아무리 우수한 펀드매니저와 애널리스트가 최첨단 시스템을 동원하여 운용에 전념한다 해도 투자 타이밍을 잘못 선정하면 성공적인 결과를 볼 수 없다.

일반적으로 주식이나 신종 채권(전환사채, 신주인수권부사채)의 경우는 경기의 확장기에 가치가 크게 올라가며, 경기가 정점을 지나 수축기로 들어서면 가치가 떨어지게 된다. 반면에 채권의 가치는 경기가 상승하는 확장기에는 떨어지고 경기의 수축기에는 가치가 올라간다.

즉 채권의 상승시기와 하락시기는 일반적으로 주식의 상승 및 하락시기와는 반대로 나타난다. 따라서 펀드 투자에도 이 원리가 그대로 적용된다.

주식형 펀드는 증권시장이 바닥을 헤맬 때가 투자의 적기라고 할 수 있다. 그러나 그 시점을 우리가 정확하게 알 수는 없다. 과거

1997년 IMF 직후, 2001년 9·11 테러 사태, 2003년 SK글로벌 사태 등이 주식형 펀드의 투자 적기였다고 할 수 있다.

일반투자자의 경우에는 증권시장이 한창 달아올라 종합주가지수가 30~40% 이상 올라서 기존 펀드의 가치가 크게 상승했을 때 펀드 투자를 시작하는 경향이 있다. 하지만 일반 주식투자와 마찬가지로 이는 적절한 투자시점이 아니다.

펀드 투자는 일반적으로 장기 투자여야 하며 주가의 바닥점을 정확히 알 수 없다 하더라도 장기적인 경기전망을 밝게 예측한다면 투자자금의 일부분씩 분할 매수하는 것이 결과적으로 적절한 투자시점이 될 것이다.

또한 최근에는 원금보장형 펀드나 주가가 하락하더라도 수익률을 얻을 수 있는 펀드가 등장하고 있다. 하지만 이러한 펀드는 파생상품을 이용하는 펀드로서 그 운용구조상 우수한 수익률을 얻을 수는 없다. 따라서 이러한 유형의 펀드에 투자할 때는 반드시 전문가와 상의하여 결정해야 한다.

펀드 투자는 왜 필요한가

　현재 우리는 사상 초유의 저금리 시대를 맞이하고 있다. 명목상의 금리인 정기예금의 금리가 물가상승률을 따라가지 못하는 사실상의 마이너스 금리 시대를 살아가고 있는 셈이다. 이와는 대조적으로 사회보장제도가 미비한 우리나라는 고령화 사회로 접어들어 노후생활을 위한 안정자금의 필요성이 더욱 커지고 있다.

저금리 시대의 본격화

　일반적으로 금리란 돈의 가치를 말한다. 시중에 돈이 많으면 그 가치가 떨어지니까 금리는 낮아지고, 돈이 부족하면 가치가 올라가

니까 금리는 높아진다. 바꾸어 말하면 시중에 돈이 많다는 말은 기업이나 개인이 새로운 투자처를 찾지 못하기 때문에 돈을 필요로 하지 않는다고 할 수 있다.

과거에는 금융기관에서 예금을 많이 유치하는 직원이 유능한 직원이었으나, 오늘날에는 확실한 대출처를 많이 확보하는 직원이 유능한 직원이 되었다. 그 이유는 시중에 자금이 넘쳐나므로 은행이 돈을 빌릴 사람을 찾기가 어렵기 때문이다.

우리는 과거 IMF 때 연금리가 15%를 상회하는 시대를 거쳐 현재는 명목금리 4% 내외의 저금리 시대를 살아가고 있다. 여기에 5% 내외의 물가상승률을 감안하면 실질금리는 4%(명목금리) - 5%(물가상승률) = -1%, 즉 마이너스(-) 금리 시대를 살아가고 있다.

이 말은 돈을 은행에 넣어 저축하면서 살아가는 것보다는 생활용품을 사서 창고에 쌓아두고 생활하는 것이 경제적인 의미에서는 보다 현명한 생활방식이라는 의미이기도 하다.

게다가 은행 금리에 이자소득세 16.5%를 공제하면 4%×(1 - 0.165) = 3.34%가 되어 문제는 더욱 심각해진다. 현재 1억 원을 가진 투자자가 은행에 예금할 경우 334만 원 / 12월 = 278,333원이 된다. 즉 한 달에 28만 원의 소득밖에 기대할 수 없다. 더욱 심각한 문제는 앞으로 금리가 어느 정도까지 계속 하락할지 알 수 없다는 점이다.

따라서 과거처럼 은행의 정기예금에서 나오는 금리를 가지고 노후 생활자금으로 활용하기에는 너무나 부족한 실정이다. 1억 원의 자금으로 월 30만 원의 이자소득이 가능하다면, 1가구당 6~7억 원의 여유자금이 있어야 평범한 생활을 유지할 수 있다는 말이다. 우리나라에 보유 주택을 제외하고 6~7억 원의 금융자산이 있는 가정은 상위 5% 정도에 불과할 것이다.

따라서 우리는 보다 나은 투자대상, 즉 안정성과 수익성을 보유한 투자대상 방안을 찾아야 할 것이다. 이에 대한 대안으로 등장한 것이 다양한 투자대상 자산에 운용하여 보다 나은 수익을 얻을 수 있는 방법으로 전문가에 의한 간접투자 방법, 즉 펀드에 의한 투자방법이다.

미국의 경우 전체 세대의 52%가 펀드 투자를 통하여 노후생활을 대비하고 있다. 노후를 대비한 투자자들은 저축보다는 투자가, 단기 투자보다는 장기 투자가, 그리고 직접투자보다는 펀드를 통한 간접투자가 우수한 투자기법이라는 것을 알고 있기 때문이다. 이러한 시대적인 요청에 발맞추어 전문가에 의한 펀드 투자를 촉진시키는 계기가 된 것이 새로운 자산운용업법의 제정이다.

고령화 사회로 진입

언제부터인가 우리나라에서도 '고령화 사회(Aging Society)'라는 단어가 일반인들 사이에 오르내리기 시작했다. 이는 현재 우리 스스로가 고령화 사회가 도달해 있다는 사실을 인식하고 있다는 뜻이 아닐까.

통계청의 발표에 따르면 우리나라는 2000년 말 현재 65세 이상의 고령인구가 7.25%로 이미 고령화 사회에 진입했다. 2002년 말 현재의 고령인구는 전체 인구의 7.9%인 377만여 명이며, 2019년에는 14.4%에 육박하여 UN이 지정한 고령 사회(Aged Society)에 진입할 것으로 예상하고 있다.

즉 고령화 사회에서 고령 사회로 넘어가는 데 불과 10년밖에 소요되지 않아 인구의 고령화가 어느 나라보다도 더욱 심각한 사회문제가 되고 있다.

통계청에서 발표한 보고서에 따르면 2001년 말 현재 한국인의 평균 수명은 76.53세이며, 이 가운데 여자는 80.01세로서 72.84세인 남자보다 7.17세가 높은 실정이다. 이는 보통의 직장인이 55세까지 근무한 후 은퇴한다고 가정하면 20년간 별도의 소득 없이 살아가야 한다는 말이다.

이 20년간을 법정 최저 생활비인 110만 원으로 살아간다고 가정할 경우 약 4억 원의 금융자산을 보유하고 있어야 한다는 결론이 나온다. 이 경우도 인플레이션으로 인한 생활비의 증가나 질병이나 사고로 인한 예상외 지출을 감안하지 않은 수치이다. 그리고 앞으로의 사회는 과거처럼 노후의 생계를 자녀에게 경제적으로 의존할 수 없

연도별 평균 수명의 추이 (연도, 세)

구 분	1971	1981	1991	2000	2010	2020	2030	2050
평균 수명	62.3	66.2	71.7	75.9	78.8	80.7	81.5	83.0
남 자	59.0	62.3	67.7	72.1	75.5	77.5	78.4	80.0
여 자	66.1	70.5	75.9	79.5	82.2	84.1	84.8	86.2

으며, 스스로 생계에 대한 책임을 져야 할 경제적 자립사회로 변화해가고 있다.

사회보장제도의 미비

현대사회는 개인주의 사고방식의 팽배와 핵가족화의 진행, 의료기술의 발달과 생활수준의 향상으로 인한 평균 수명의 연장 및 이로 인한 고령화 사회의 진입, 저금리 사회의 정착 등으로 사회구조가 급격하게 변화해가고 있다. 이와 함께 사회의 선진화로 인해 생활에 대한 기대욕구의 증대, 소득 재분배 구조의 왜곡으로 인한 소득분포의 불균형 등이 사회문제로 대두되고 있다.

그러나 정부 차원의 사회보장제도에 의한 보장수준은 아직 준비 미흡과 의식수준의 결여 등으로 인해 개인의 기대수준에 훨씬 미치지 못하고 있는 것이 현실이다.

따라서 국가가 국민의 일정 수준의 생활을 보장해주는 사회보장과 기업이 종업원의 복리후생이나 퇴직 후의 안정된 생활을 보장해 주기 위해 실시하는 기업보장, 그리고 각 개인이 만족할 만한 생활까지 보장받기 위해 스스로 준비하는 개인보장의 3대 보장 축으로 적절히 조화를 이루어 이를 구현해야 한다.

그러나 이러한 3중 보장론도 현재 50대 이상의 중·노년층에게는 그림의 떡이다. 왜냐하면 과거 우리나라의 경제사정이 현실생활에 급급하여 자녀교육과 주택마련이 가장 중요한 과제였으므로 미래를 위한 보험이나 저축을 준비하기가 어려웠기 때문이다. 그리고 우리나라 가계자산의 50% 이상이 주택에 묻혀 있으며 금융자산 등의 비중은 극히 미흡한 실정이다.

그러나 선진국으로 갈수록, 그리고 연령이나 생활수준이 높아질수록 금융자산의 비중이 점차 높아지고 있다.

외국의 펀드 투자 사례

세계에서 펀드 산업이 가장 발달한 나라는 미국이다. 미국은 기업 수익의 급격한 신장으로 주가가 1991년부터 95년까지 연 14.75%의 성장률을 기록했다. 특히 95년에는 33.5%의 신장률을 보였다.

이러한 주가상승은 뮤추얼펀드를 통한 지속적인 자금 유입, 노년기에 접어드는 베이비붐 세대(40~50대)를 중심으로 한 연금자산과

401K 플랜으로 대표되는 확정각출형 연금의 보급으로 인해 자금이 대거 증시로 유입되었기 때문이다.

또한 1987년 10월 블랙먼데이 이후 개인투자자들의 투자 패턴이 간접투자로 변화되었고, 이와 함께 컴퓨터의 보급으로 고객의 특성에 맞는 상품 개발과 자산관리 기법이 발달하여 펀드 산업의 발달에 크게 기여하게 되었다.

전 세계적으로 뮤추얼펀드의 규모를 보면 14조 달러 중 미국이 7조 4,000억 달러로 53%, 유럽 전체가 4조 6,000억 달러로 33%, 아프리카 및 태평양 지역이 10% 내외를 차지하고 있다. 이 가운데 전 세계 뮤추얼펀드 시장의 53%를 차지하는 미국의 뮤추얼펀드 구성을 살펴보면 주식형이 49.75%, MMF가 27.6%, 채권형이 16.7%, 기타 혼합형이 5.8% 수준을 유지하고 있다.

미국은 2003년 7월 말 현재 전체 가정의 47.9%가 뮤추얼펀드를 보유하고 있어 전체 가정의 절반이 뮤추얼펀드에 투자하고 있다. 또한 전체 뮤추얼펀드 보유 가정 중에서 80% 이상이 회사에서 자금을 대주는 확정기여형 퇴직금 계획에 따라 펀드를 통한 간접투자를 하고 있다. 그리고 이들 펀드의 80%가 주식형에 가입하고 있는 실정이다.

정리하면 미국이 뮤추얼펀드 천국이 된 이유는 첫째, 401K 플랜을 활성화시키기 위해 세금감면 인센티브를 제공함으로써 기업 연금제도에 많은 기업과 근로자가 참여할 수 있도록 유도했다.

둘째, 미국 증권시장의 활성화로 은행권 상품보다 상대적으로 우수한 수익률을 냈으므로 노후대비 수단으로 주식형 펀드 가입이 우수하다는 인식을 하게 되었다.

셋째, 뮤추얼펀드를 장기 투자대상으로 인식하고 있으며, 은행 예금보다 우수한 투자대상으로 생각하고 있다는 점이다.

우리나라는 2003년 말 현재 실질GDP 6,400억 달러로서 10조 8,000억에 달하는 미국의 1/16에 해당되며, OECD 국가에서 10위권에 들어갔다. 그러나 펀드 산업의 규모를 보면 145조 원으로 1/60에 불과하다. 펀드 수탁고도 미국이 지난 5년간 8.3%의 성장을 보인 반면, 우리나라는 오히려 27% 이상 감소하였다.

시장점유율은 전 세계 시장에서 1999년 1.47%에서 2003년 0.87%로 감소하였다. 그러나 우리나라 시장의 유형은 순수 주식형 펀드가 전체 펀드의 6%에 불과하여 세계 평균치의 1/7에 불과하다. 또한 단기 금융상품인 MMF가 전체의 절반을 넘어 세계 시장 평균치의 두 배를 넘고 있다.

이는 시중의 부동자금이 그 방향을 찾지 못하고 있다는 말이다. 이 자금을 장기 투자로 유도하기 위한 제도적인 지원책을 신속하게 모색해야 할 것이다.

자산운용업법의 제정

...자산운용업법 제정의 의의

2004년 4월부터 시행된 '간접투자 자산운용업법'(이하 '자산운용업법'이라 함)은 과거에 다양하게 분산되어 있던 자산운용 산업에 대한 기능별 규제를 확립하여 규제의 형평성을 제고하고, 규제의 개선을 통해 상호간의 경쟁과 혁신을 유도하며, 투자자 보호장치를 강화함으로써 자산운용 산업에 대한 발전을 도모하기 위해 제정된 법이다.

지금까지는 투자신탁 운용회사, 은행, 보험회사에서 제각기 유사한 간접투자 상품(펀드)을 취급하면서도 서로 다른 법규의 적용을 받아왔지만, 이 법의 제정으로 간접투자와 관련된 모든 사항이 동일한 규제를 받게 되었다.

자산운용업법이 제정된 이유는 크게 세 가지로 생각할 수 있다. 첫째, 다양한 간접투자 상품에 대한 규제를 통일하고 둘째, 투자자 보호장치를 강화하며 셋째, 간접투자 상품의 종류와 판매망의 확대를 통하여 시장을 활성화하자는 데 그 취지가 있다고 하겠다.

따라서 투자신탁의 수익증권, 증권투자회사의 뮤추얼펀드, 투자자문회사의 자문계약, 은행의 불특정 금전신탁, 보험회사의 변액보험은 동일하게 이 법의 적용을 받게 되어 공정한 거래의 기반이 조성되었다고 할 수 있다.

이 법의 제정으로 인해 투자대상 자산도 유가증권뿐만 아니라 부동산을 비롯한 실물자산으로 범위가 확대되어 매우 다양해졌다. 또한 운용과정도 수익자 총회를 통하여 투자자도 의사결정에 참여할 수 있도록 함으로써 투명성이 강화되었다.

따라서 자산운용회사는 경기상황의 변동과 투자자들의 다양한 요구에 부합하는 종합적인 포트폴리오를 구성할 수 있게 되어 제대로 된 자산관리 업무를 수행할 수 있게 되었다. 펀드의 판매업무도 과거에는 증권회사와 은행만이 담당해왔으나 보험회사에까지 범위를 확대하였고, 곧 자산운용회사도 판매업무를 담당할 수 있게 되어 본격적인 펀드에 의한 자산증식 시대, 즉 펀드 자본주의 시대가 도래하게 되었다.

…**투자대상의 다양화**

1) 펀드의 투자대상이 확대

이번 법을 제정함으로써 가장 큰 변화는 펀드의 투자대상이 대폭 확대된 점이라고 하겠다. 과거에는 펀드에 편입하는 자산이 주식이나 채권 등의 유가증권에 한정되었으나, 이제 그 범위가 대폭 확대되어 부동산 등 실물자산, 장외 파생상품에까지 투자할 수 있게 되었다. 특히 파생상품 투자의 경우 운용자산의 40% 이상을 헤지 이외의 투자 목적으로 장내 · 외 파생상품으로 운용할 수 있도록 한 점이 주목할 만하다.

- **장내 파생상품** : 증권거래소 시장, 코스닥 시장, 선물 시장, 외국 증권거래소 등에서 유가증권, 통화, 금리, 실물자산과 관련된 파생상품의 거래.
- **장외 파생상품** : 장내 시장 외에서 유가증권, 통화, 금리, 실물자산과 관련된 파생상품의 거래.

2) 실물자산의 간접투자 활성

실물자산의 간접투자는 크게 부동산과 선박, 항공기, 금, 석유 등 일반 실물자산에 대한 간접투자로 구분할 수 있다. 이미 시행되고 있는 부동산 투자회사(REITs)의 주식에 투자하는 경우와 이 법에 의한 부동산 투자신탁(계약형)에 투자하는 경우는 차이가 있다.

자산운용업법에 의한 부동산 간접투자 상품은 취득한 부동산을 3년 이내에 매각할 수 없으며 자산총액의 30% 이내에만 부동산 개발사업에 투자할 수 있다. 그러나 부동산 개발회사의 투자증권, 부동산 매출채권, 주택저당 채권 담보부 채권, 주택저당 증권 등에는 투자 제한이 없다.

최근 일반 실물자산인 선박, 항공기, 금이나 에너지 등에 대한 투자가 다소 활기를 띠기 시작하고 있다. 그러나 이러한 실물자산은 보관, 운송, 평가 등에 어려움이 따르기 때문에 그다지 적극적이지는 못할 것으로 보이며, 유가증권 시장이 극히 침체될 경우 틈새시장을 형성할 것으로 예상된다.

3) 새로운 개념의 펀드 등장

최근 펀드의 투자대상은 범위가 점차 확대되고 있다. 경제적으로 수익가치가 있는 자산이면 종류를 불문하고 투자대상이 되고 있다. 부동산 펀드가 인기를 끌고 있고, 선박이나 항공기에도 투자가 몰리고 있으며, 원자재 가격과 연계된 펀드도 있다.

나아가 그림이나 골동품, 우표 등 예술품에 투자하는 펀드와 국내에서 가장 인기를 얻고 있는 영화 펀드도 그러하다. 따라서 경제적으로 투자가치만 있으면 자금을 모으기가 한결 용이해졌으며, 이러한 시장이 지속적으로 성장할 것으로 보인다.

또한 외국의 실물자산 지수가 일정 범위 내에 있으면 확정수익률을 보장하는 펀드도 속속 등장하고 있다. 원자재 가격지수나 상품 가격지수 연계 펀드, 런던 금속거래소의 금 가격지수에 투자하는 펀드, 환율이 일정 범위 내에 있을 경우 확정수익률을 보장하는 펀드 등이 있다. 이들 확정수익률을 보장하는 펀드는 전체의 95% 수준을 확정금리가 보장되는 채권형 자산에 투자하고, 나머지 5%를 파생상품에 투자하여 이익을 내도록 상품 구조를 편성하는 펀드이다.

그러나 이러한 신개념 펀드에 투자할 경우에는 반드시 유의해야 할 점이 있다. 새로 도입된 이러한 펀드는 운용회사나 펀드매니저의 운용능력, 나아가 상품의 수익성이 아직 검정되지 않았다. 또한 자산의 성격이 장기 투자가 필요한 상품인지 사전에 철저하게 점검한 후에 투자를 결정해야 할 것이다.

따라서 운용성과가 아직 검증되지 않은 이러한 펀드에는 자산의 일정 부분만 투자하여 위험을 줄이도록 해야 한다.

...새로운 판매망의 등장

새로운 법의 시행으로 펀드의 판매는 증권회사, 은행, 보험회사, 선물업자, 종금사, 증권금융 등 전체 금융기관으로 범위가 확대되었다. 또한 운용회사도 자기 운용 펀드에 한해서 판매수수료 없이 판매가 가능해졌다(2년 후). 이 경우 대형 연기금 등은 운용회사를 통한 판매에 응할 것으로 예상된다.

현재 우리나라는 전체 펀드의 80% 이상이 증권회사 창구를 통해 판매되고 있지만 앞으로는 은행, 보험, 그리고 운용회사의 직접판매 비중이 크게 증대될 것으로 보인다. 그러나 보험회사의 경우 보험설계사에 의한 판매는 금지되어 있다.

또한 판매행위에 수반되는 부당행위를 방지하기 위해 판매행위 준칙이 제정되었다. 금지되는 판매행위로는 수익률의 보장, 판매보수의 대가를 수수하는 행위, 합리적이지 못하거나 단정적인 분석자료 제공, 실적배당의 특수성을 인식시키지 않은 행위 등이 해당된다.

…투자자 보호장치 강화

자산운용업법의 새로운 특징은 투자자 보호장치를 강화한 점이다. 자산운용회사의 불법적인 운용을 견제하기 위해 수익자 총회를 의무적으로 설치하여 내부 감시장치를 강화하였고, 판매행위 준칙을 제정하여 판매회사의 의무를 강화하고 투자자를 보호하도록 하였다. 또한 수탁회사의 운용회사에 대한 견제기능을 강화하여 운용에 대해 감시하도록 하고, 기준가격의 적정성 여부도 평가하도록 하였다.

이와 같은 제도적 장치는 과거 투자신탁업법이나 증권투자회사법에서는 없었던 새로운 것으로서, 시대의 변화에 적절하게 대응하여 투자자 보호기능을 강조한 것이라고 할 수 있다.

2장

펀드 투자란 무엇인가

펀드 투자에 대해 알아보기

펀드 투자란 무엇인가

펀드(Fund)란 특정한 자산 등에 공동으로 투자하여 그 결과로 얻은 이익을 서로 분배하기 위해 다수의 투자자들로부터 모은 자금 등의 집합체를 말한다. 따라서 펀드 투자란 투자자가 직접 투자에 관한 의사결정을 하여 자금을 운용하는 직접투자가 아니고, 전문적인 운용회사가 투자자를 대신하여 운용하고 그 수익금을 투자금액에 비례하여 투자자에게 분배해주는 간접투자에 의한 투자방법이다.

직접투자는 경제 및 증시상황에 따라 변동하는 투자대상 자산의 가치를 개인이 직접 분석하고 적절한 투자시점을 선택해야 하므로 우수한 투자성과를 거두기가 매우 어렵다. 그것이 가능하다 하더라도 너무 많은 비용과 시간이 소요되므로 이에 따르는 경제적인 실익이 없다고 할 수 있다.

그러나 펀드에 의한 투자는 다수의 투자자로부터 모은 자금으로 투자하므로 운용에 관한 전문적인 인력과 시설을 보유하고 있는 전문 운용기관에 운용을 의뢰하게 된다. 또한 펀드 투자는 운용자금 규모가 너무나 크기 때문에 일정한 원칙에 의해 여러 가지 유형의 자산에 분산투자를 해야 투자에 따르는 위험을 줄일 수 있고 비교적 안정된 수익을 얻을 수 있다.

펀드 투자는 운용을 전담하는 운용조직의 형태에 따라 투자자가 수익증권을 매입하고 운용 전문회사가 직접 운용의 전반적인 책임을 지고 운용한 결과인 수익금을 투자자(수익자)에게 직접 분배해주는 수익증권에 의한 투자와, 투자자가 주주의 형태로 출자한 증권투자회사의 자본금을 운용 전문회사가 운용대상 자산에 투자한 후 그 결과인 이익을 주주인 투자자에게 배당의 형식으로 분배해주는 뮤추얼펀드에 의한 투자가 있다.

펀드 투자의 장점

자산운용업법이 제정됨에 따라 우리나라에도 본격적인 펀드 투자의 시대가 열렸다. 따라서 지금까지 투자의 주류를 이루었던 개인에 의한 직접투자보다는 전문 운용회사에 운용을 위탁하는 간접투자 방식인 펀드 투자에 대해 관심을 쏠리고 있다. 펀드 투자는 개인에 의한 직접투자보다 다음과 같은 장점이 있다.

...공동 투자

펀드 투자는 불특정 다수의 투자자로부터 자금을 모아 펀드를 형성하여 전문 운용회사가 다양한 투자대상에 투자하여 공동 운용하는 형태이므로, 개인이 소규모 자금으로는 투자하기 어려운 다양한 투자대상에 투자하는 효과를 얻을 수 있다. 또한 거액의 펀드를 운용하므로 정보획득 비용이나 유가증권 매매에 따른 거래비용도 절감된다.

...전문가에 의한 대행투자

펀드 투자는 일반투자자의 직접투자에 따르는 위험을 회피하기 위해 전문적인 지식과 경험을 보유한 펀드매니저에게 투자를 위임하는 간접투자 방식이다. 자산운용회사의 펀드매니저는 과학적인 투자분석과 효율적인 운용기법으로 다양한 고수익 자산에 투자하므로 비교적 높은 수익성을 추구할 수 있다.

...분산투자

펀드 투자는 거액의 자금으로 다양한 대상자산에 분산하여 투자하는 것을 원칙으로 한다. 여러 가지 자산에 분산하여 투자하면 일부 투자자산의 가격이 하락하더라도 나머지 자산의 가격은 상승하므로 전체적으로는 가격하락에 따른 위험을 줄일 수 있다.

또한 다양한 포트폴리오를 구성하여 주식, 채권, 현금성 자산뿐만 아니라 파생상품, 부동산, 나아가 실물자산까지도 운용대상이 되므로 경제상황에 따라 다양한 상품에 분산하여 투자할 수 있다.

…투자수익 획득만이 목적

일반적으로 투자자가 주식을 취득하면 그 기업의 주주가 되므로 그 기업의 주주총회에 참석하여 의결권을 행사할 수 있다. 반면에 펀드 투자는 투자로 인한 수익성 획득만을 목적으로 하며 기업의 경영권 획득에는 관심이 없다. 그러나 기업의 방침이 펀드 투자자의 이익에 반하는 경우에는 투자자 보호를 위해 주주총회에 참석하여 의결권을 행사하기도 한다.

…운용 및 관리의 안정성

펀드 투자는 거액의 펀드를 다수의 투자대상에 분산하여 투자하므로 투자에 따른 위험을 줄일 수 있다. 또한 투자자의 자산인 운용자산은 운용회사의 자체 자본금인 고유자산과 분리하여 운용되어 수탁기관(은행)에 별도로 안전하게 보관되므로 운용회사 자체의 재무상태와는 직접적인 관계가 전혀 없고, 오로지 운용자산 가격의 증감에 따라서만 가치가 변할 뿐이다.

...운용대상 자산의 다양성

지금까지 간접투자의 운용대상 자산은 유가증권 등에 국한되어 운용범위가 극히 제한되어 있었으나, 2004년 4월부터 운용대상 자산의 범위가 유가증권에서 생산품, 부동산, 나아가 실물자산으로까지 확대되었다. 앞으로도 제반 경기상황에 따라 적절하게 보다 다양한 상품이 등장할 예정이다.

...운용성과의 환원

펀드 운용에 의한 투자성과는 신탁보수(운용보수, 관리보수, 판매보수)를 제외하고는 전부 투자자에게 돌아간다. 즉 운용자금은 투자자에게 수익증권을 판매하여 모은 자금이므로 그 운용 결과인 수익금은 수익증권의 소유자인 투자자에게 돌아가는 것이 당연한 일이다. 또한 중도 환매를 할 때 수익자가 부담하는 환매수수료도 펀드에 편입되어 남은 투자자의 몫이 된다.

펀드는 어떻게 운용하나

간접투자 자산인 펀드의 운용은 자산운용회사가 운용의 주체가

되며 수탁회사(자산보관회사), 일반 사무관리 회사 및 판매회사를 펀드 운용의 관계인으로 규정하고 있다.

일반적으로 펀드에 투자한다는 것은 투자신탁의 수익증권을 구입하거나 뮤추얼펀드에 가입하는 두 가지 방법이 있다. 그러나 투자신탁의 수익증권과 증권투자회사의 뮤추얼펀드는 투자자의 지위가 상이하므로 그 운용조직도 약간의 차이가 있다.

...간접투자기구의 기관

간접투자기구의 기관은 투자신탁(수익증권)과 증권투자회사(뮤추얼펀드)의 설립조직에 차이가 있으므로 내부기관에도 약간의 차이가 있다. 투자신탁의 기관으로는 수익자 총회가 있다. 수익자 총회는 전체의 수익자(투자자)로 구성되며 자산운용업법이나 신탁약관에 규정된 사항에 한하여 의결권을 가진다.

이와는 달리 다수의 투자자가 투자를 목적으로 증권투자회사에 출자한 자본금을 뮤추얼펀드라고 하며, 증권투자회사는 고객의 자산인 자본금을 자산운용회사와 자산운용 계약을 맺어 그 수익을 투자자(주주)에게 배당한다는 점에서 기존의 증권투자 신탁과 유사하다.

그리고 증권투자회사는 상법상 주식회사이므로 내부기관인 주주총회, 이사, 이사회 등이 있으며 자산운용업법, 상법 및 정관에 정한 사항에 대해 의결권을 가진다.

…펀드 운용기구

1) 자산운용회사(위탁회사)

우리가 펀드를 구입하려면 먼저 판매회사인 증권회사나 은행을 찾게 된다. 그러나 가장 중요한 회사는 자산운용회사이다. 자산운용회사는 펀드를 처음 만들고 이를 직접 운용하며, 펀드의 운용사항을 판매회사를 통하여 투자자에게 공개하기도 한다.

따라서 투자자들은 펀드를 선정할 때 운용회사의 펀드 운용능력을 알아야 하며, 자산운용협회나 펀드 평가회사의 홈페이지에서 운용에 관한 정보를 얻을 수 있다.

2004년 새로운 법에 의해 자산운용회사는 투자신탁 운용회사나 자본금 100억 원 이상인 기존의 자산운용회사가 그 기능을 담당하게 되었다.

또한 자산운용회사와 유사한 기능으로 투자자문회사가 있다. 투자자문회사는 실질적으로 운용기능에는 큰 차이가 없으나 일반인을 대상으로 펀드를 설정한 공모 펀드가 아니고 사모 펀드이거나 개인 투자자를 대상으로 운용업무를 하고 있다.

펀드의 선량한 관리자인 자산운용회사의 주요 역할은 ① 운용을 하기 위해 국내외 경제, 증권시장, 기업 등에 대한 투자분석을 하고, ② 투자자금에 비례하여 수익증권을 발행하며, ③ 매일 운용자산에 대한 기준가격을 계산하고, ④ 고객들에게 투자신탁설명서, 운용보고서를 작성하여 판매회사를 통해 배부하는 등 펀드 운용업무의 핵심적인 역할을 담당한다.

자산운용회사는 자본금 100억 원 이상의 주식회사로 재경부 장관의 인가를 얻어야 하며 운용 전문가인 펀드매니저를 5인 이상 확보해야 한다.

자산운용회사는 투자신탁 펀드나 뮤추얼펀드를 운용할 수 있으며, 투자자문업과 투자일임 업무도 수행할 수 있고, 일반 사무관리 회사 업무도 겸할 수 있다. 또한 내부 운용의 공정성을 확보하기 위해 운용자산 규모가 6조 원 이상인 회사는 사외이사와 감사위원회를 설치하도록 되어 있다.

2) 펀드매니저

펀드매니저는 운용회사에 근무하면서 펀드 운용을 직접 담당하는 사람이다. 이들 펀드매니저는 운용 전문인력 자격시험에 합격한 후 펀드 운용경력이 많은 사람으로, 증권회사 직원이나 애널리스트 등이 제공하는 각종 정보나 자료를 참고하여 변화하는 시장상황에 따라 펀드를 운용하고 있다.

일반적으로 펀드매니저는 주식이나 채권 또는 파생상품을 운용하는 전문가였으나, 최근에는 자산운용 범위가 확대됨에 따라 부동산 등 실물자산 전문가에까지 그 범위가 확대되었다. 그리고 자산운용회사나 투자자문회사는 소정의 펀드매니저를 의무적으로 채용하도록 되어 있다.

3) 수탁회사

투자자가 투자한 돈이 판매회사를 통해 운용회사로 들어오면 그 돈은 고객의 안전을 위해 즉시 수탁회사로 이동된다. 즉 운용회사는 운용에 전념하고 펀드 자금은 수탁회사가 안전하게 보관, 관리하게 되어 있다. 그리고 판매회사를 통하여 고객의 환매요청이 있을 경우 운용회사의 요청에 의해 수탁회사는 보유자산의 일부를 매각하여 돈을 지급한다.

또한 수탁회사는 운용회사의 운용지시가 관계 법규에 위반될 때는 운용회사에 대해 운용지시의 변경을 요구해야 한다. 과거에는 운용회사의 운용지시를 따르기만 했으나 최근에는 운용회사의 운용사항에 감시 업무가 강조되고 있다. 그리고 수탁회사의 기능은 신탁업을 겸영하는 은행(국민, 우리, 하나은행 등)이나 신탁업법에 의해 설립된 신탁회사가 그 기능을 담당한다.

4) 일반 사무관리 회사

일반 사무관리 회사는 증권투자회사의 위탁을 받아 운용업무 이외의 업무인 행정지원 업무를 담당하는 회사이다. 주된 업무로는 증권투자회사의 주식발행 및 명의개서, 투자회사 재산의 계산, 법령 또는 정관에 의한 회의소집 및 통지 등이 있다.

일반 사무관리 회사는 투자신탁의 경우에는 별도로 필요하지 않으며, 뮤추얼펀드의 경우에는 일반적으로 자산운용회사가 겸하고 있다.

5) 판매회사

판매회사는 직접 투자자를 상대로 펀드를 판매하고 고객의 요청이 있을 때 환매를 담당하는 회사이다. 따라서 고객은 펀드를 만들고 운용하는 운용회사를 직접 상대하는 것이 아니라 판매회사를 통하여 운용 및 관련 사항을 상담한다.

기존의 증권회사와 은행뿐만 아니라 보험회사도 판매를 담당하고 있다. 일반적으로 판매회사는 자회사로서 운용회사를 가지고 있으므로 실제 펀드에 대한 영향력이 크다고 할 수 있으며, 수수료 분담도 운용보수보다는 판매보수가 높은 게 현실이다. 투자자도 운용회사보다 판매회사를 보고 펀드를 선택하는 경향이 많다.

또한 펀드의 구입은 판매회사의 창구에서 뿐만 아니라 인터넷이나 우편, 전화로도 가능하다. 과거에는 투신사에서 판매와 운용업무를 모두 수행했으나 지금은 운용의 투명성과 안정성을 보장하기 위해 분리하고 있다.

판매회사는 구체적으로 ① 수익증권의 모집·판매 ② 수익분배금, 상환금 및 일부 해약금 지급 ③ 수익증권 보호예탁 ④ 투자신탁 설명서와 운용보고서의 교부 ⑤ 거래보고서, 잔고증명서, 거래명세서 등 교부에 따른 업무 등을 수행한다.

판매회사의 업무를 담당하는 기관은 증권회사, 은행, 보험회사,

증권금융회사 등이며, 신탁재산의 30% 이상을 선물 등에 투자하는 경우에는 선물회사에서도 판매를 담당한다. 또한 앞으로는 투자신탁 운용회사(직접 운용하는 펀드에 한함)도 판매를 담당할 수 있게 되었다.

6) 펀드 평가회사

펀드 평가회사는 펀드의 운용기구가 아니라 펀드의 운용실적의 결과를 평가하는 회사이다. 운용회사의 펀드매니저들이 운용한 펀드의 운용성적을 객관적이고 공정하게 평가하여 투자자들이 운용회사나 펀드매니저를 선정하는 데 도움을 주고 있다.

펀드 평가회사의 펀드 운용성과에 대한 평가는 운용수익률뿐만 아니라 운용에 수반되는 위험과 포트폴리오 구성능력 등을 종합적으로 평가하여, 그 결과를 투자자나 판매회사, 운용회사에 정기적으로 알리며 자사의 홈페이지를 통해 공개하고 있다.

따라서 판매회사나 운용회사가 판매 펀드에 대한 수익률 등을 부풀려 과장광고를 하여 투자자를 속일 수 없게 되었다. 그러나 이들 펀드 평가회사도 각 회사별로 평가기준에 다소 차이가 있으므로 평가 결과가 다르게 나타나기도 한다.

수익증권이란 무엇인가

　수익증권(Beneficiary Certificate)이란 투자자가 맡긴 자산(펀드 구입자금)을 운용하여 거기서 발생한 수익을 받을 권리를 표시하는 증권이다. 우리가 펀드 투자를 한다는 말은 수익증권을 매수한다는 말과 동일하다.

　따라서 자산운용회사는 판매회사를 통해 투자자의 돈을 받으면 그 대신 수익증권을 발급해준다. 그러나 투자자는 수익증권을 직접 받는 것이 아니고 실제로는 수익증권의 수량과 가격이 표시된 통장이나 카드를 발급받게 된다.

　그리고 수익증권을 보유한 투자자는 투자원금의 상환 및 이익분배금 청구권, 수익증권의 환매청구권, 신탁재산에 관한 장부 열람 등의 권리를 가진다. 또한 수익증권은 유가증권이므로 자유롭게 거래할 수 있으며, 단지 증권의 교부만으로 권리의 이전이 가능하므로 수익증권의 유동성이 보장되고 있다.

　수익증권을 사고 팔 때 기준이 되는 가격은 보통 1,000좌를 단위로 표시하는데 이것을 매매 기준가격이라 하며, 투자자산의 가치를 표시하는 기준이 된다. 또한 투자자의 계좌에 남아 있는 투자자금의 현재 가치를 펀드의 평가금액이라 한다.

　투자신탁의 경우 운용회사가 수익증권을 발행하는 반면, 뮤추얼 펀드는 증권투자회사의 주식이라는 형태로 발행한다. 따라서 뮤추얼펀드는 일반적인 주식의 양도절차에 따라 양도가 가능하다. 주식의 양도가 용이하도록 증권시장에 상장(등록)시켜 공정한 가격에 양도할 수 있도록 되어 있다. 그리고 주식이므로 펀드 운용의 수익금을 배당금이라는 형태로 받게 된다.

투자신탁설명서란 무엇인가

투자신탁 운용회사는 펀드를 설립한 후 수익증권을 발행하여 투자자에게 판매할 경우 반드시 투자신탁설명서를 작성하여 수탁회사의 확인을 받아 판매회사를 통하여 투자자에게 교부해야 한다. 투자신탁설명서는 투자신탁 약관의 내용 중 투자자에게 필요한 사항을 요약하고, 운용회사가 운용과 관련하여 투자자에게 알려야 할 제반 사항을 기재한 문서이다.

이 설명서는 투자자에게 제공하거나 그 내용을 변경할 경우에 금융감독위원회에 사전에 제출하도록 되어 있어 투자자 보호에 만전을 기하고 있다.

펀드 운용회사는 투자신탁 약관에 따라 발행한 수익증권을 판매회사를 통하여 판매할 경우에는 반드시 투자신탁설명서를 제공하고 그 주요 내용을 설명해야 하며, 투자자의 입장에서도 반드시 사전에 그 내용을 알고 난 후 펀드 가입 여부를 결정해야 할 것이다. 그리고 판매회사는 투자자에게 이를 설명할 의무가 있으므로 반드시 서명을 받아두어야 한다.

투자신탁설명서에 기재할 사항은 운용기구의 운용개념 및 방법, 투자위험에 관한 사항, 펀드매니저에 관한 사항, 과거 운용실적 등이며, 1년에 1회 이상 그 내용을 갱신하여 투자자에게 교부해야 한다. 그리고 어떠한 경우에도 투자원금이 보장되지 않는다는 사실 등 투자위험에 관한 사항은 굵은 글씨로 기재하여 누구든지 알아볼 수 있도록 해야 한다.

한편 투자신탁 약관이란 자산운용회사가 수탁회사와 체결한 문서로서, 펀드 운용조직에 관한 사항과 운용 기본 방침, 이익분배 및 계리 등에 관해 중요한 사항 등 펀드 운용에 관한 기본 사항을 담고 있다. 자산운용회사는 이 약관을 제정하여 금융감독위원회에 사전에 제출해야 하며, 변경할 때도 사전에 보고해야 한다. 금융감독위원회에 보고하기 전에는 펀드를 판매하거나 광고할 수 없다.

매매 기준가격이란 무엇인가

매매 기준가격이란 우리가 수익증권을 사고 팔 때 기준이 되는 가격을 말한다. 매매 기준가격은 주식이나 채권 등 투자자산의 가격변동을 반영하여 결정되는데, 전체 투자자산의 그날 시장에서의 종가의 합계인 시가총액을 수익증권 총 발행좌수로 나눈 것을 다음날의 기준가격으로 결정한다.

  펀드를 처음 설정한 날의 기준가격은 아직 어느 자산에도 투자하지 않았으므로 1,000좌당 1,000원이 되고, 그 다음날부터 투자자산의 가격변동에 따라 기준가격이 매일매일 변동된다. 따라서 기준가격이 오른다는 것은 펀드 운용에서 수익이 발생하고 있다는 말이며, 신규로 투자하려는 사람은 전보다 비싼 가격으로 매입하게 된다.

  또한 펀드에 투자할 때 매매 기준가격의 의미는 신규 투자자에게는 일정한 금액으로 수익증권을 몇 좌 살 수 있는지 결정해주고, 투자한 후에는 어느 정도의 투자수익이 발생하고 있는지 알려주는 기준이 된다.

  예를 들면 어떤 투자자가 투자금액 1,000만 원으로 매매 기준가격 1,000원인 펀드를 매입한 경우 1,000만 좌를 구입하게 된다. 그러나 한 달 후 매매 기준가격이 1,050원이 되었다면 투자자는 5%의 수익이 발생했으며 그 평가금액은 1,050만 원이 된다. 그러나 반대로 기준가격이 990원이 되었다면 10만 원의 손실이 발생하여 평가금액은 990만 원이 된다.

  수익증권의 지분을 표시하는 단위로 좌(座)를 사용한다. 우리가 주식의 보유량을 표시할 때 주(株)라는 단위를 표시하는 것과 같다.

  펀드를 최초로 발매할 때 기준가격은 1,000좌당 1,000원이 기본이다. 앞의 예에서 1,000만 원으로 1,000만 좌를 매입했으나 기준가격이 1,050원이 되었을 경우 새로운 투자자는 1,000만 원으로 9,523,809좌를 매입할 수 있다.

  수익증권을 매입하여 잔고좌수가 결정되면 매도하지 않는 한 그 보유좌수는 변동되지 않는다. 그러나 기준가격이 변동하므로 투자수익 변동 여부는 쉽게 계산할 수 있다.

  투자자의 현재 자산상태인 평가금액은 보유좌수×기준가/1,000원으로 계산할 수 있으며, 실제 수령하는 금액은 세금을 제외한 금액이다.

- **입금시 좌수** = (입금액 / 입금시 기준가격) × 1,000
- **출금시 금액** = (잔고좌수 × 출금시 기준가격) ÷ 1,000

과표 기준가격이란 무엇인가

  과표 기준기격이란 수익증권에서 발생하는 소득에 대해 세금을 부과할 때 기준이 되는 가격을 말한다. 세법상 수익증권의 거래에서 발생하는 소득 중 공사채형 수익증권은 이자소득으로, 주식형 수익증권은 배당소득으로 분류한다. 여기서 세법상 이자소득과 배당소득은 신탁재산의 구성내용에 따라 구분하는데, 공사채와 유동성 자산의 편입비율이 50% 이상이면 이자소득, 주식의 편입비율이 50% 이상이면 배당소득으로 구분한다.

따라서 과표 기준가격은 투자신탁의 소득에서 매매차익(Capital Gain)을 제외한 부분(배당금이나 이자)을 별도로 계산하여 과세산출의 근거로 삼는 기준가격을 말한다.

투자자의 입장에서는 수익증권 거래에서 발생하는 수익금은 환매대금과 매입금액의 차이가 되지만, 세법에서는 직접투자에서 매매차익에 대해 과세하지 않는 것과 형평을 맞추어 펀드 운용 수익금 중에서 운용하는 유가증권의 매매(평가)손익에 대해서는 비과세하고 있다.

따라서 과세의 표준이 되는 것은 보유기간 중 발생한 수익증권 매매차익에서 자본소득에 의한 부분을 차감한 금액이 된다. 이때 자본손익을 차감한 매매차익을 산출하기 위해 신탁재산에서 자본소득을 차감한 가격을 별도로 산정하는데 이를 과표 기준가격 또는 과세 기준가격이라 한다.

- **매매 기준가격** = 신탁재산 순자산 총액 ÷ 수익증권 총 좌수
- **과표 기준가격** = (신탁재산 순자산 총액 − 유가증권 매매이익) ÷ 수익증권 총 좌수
- **과표대상 소득** = 좌수 × (환매시 과표 기준가격 − 입금시 과표 기준가격)

매매 기준가격과 과표 기준가격의 관계는 비과세 대상인 주식 등의 매매 및 평가차익이 클수록 과세대상 이익금액에 대해 과세하는 경우보다 유리하며, 주식 등의 매매 및 평가손실이 큰 경우 실현이익보다 과표이익이 크기 때문에 많은 세금을 부담한다. 때문에 채권형 수익증권의 경우도 환매할 때 찾는 금액이 투자원금을 밑도는 경우가 발생할 수도 있다.

내가 가입한 펀드 수익률 어떻게 계산하나

내가 가입한 펀드의 수익률은 얼마나 될까? 일반적으로 펀드 운용사들이 발표하는 수익률은 펀드 설립 때부터 누적된 수익률이어서 자신의 수익률을 정확히 알기는 어렵다.

수익률을 알려면 먼저 자신이 가입한 펀드의 정확한 이름부터 파악해야 한다. 펀드의 이름을 알았으면 운용사 홈페이지에 들어가서 매일매일 바뀌는 기준가를 검색해볼 수 있다.

정확한 수익률을 계산하기 위해서는 기준가와 더불어 잔고좌수를 알아야 한다. 주식을 세는 단위인 주에 해당하는 잔고좌수는 펀드에 가입할 때 만든 통장에 기록되어 있다. 펀드에 가입한 후 얼마의 수익을 남겼는지 알아보려면 잔고좌수에 기준가를 곱한 뒤 1,000원으로 나누고 원금을 뺀다. 1,000원으로 나누는 것은 잔고좌수가 1,000원 단위로 표기되기 때문이다.

  3개월간 100만 원을 투자했는데 잔고좌수가 110만 원이고 기준가가 1,100원이면 현재의 평가액은 121만 원(110만×1,100÷1,000)이다. 수익은 평가액(121만 원)에서 원금(100만 원)을 뺀 21만 원이다. 3개월간 수익률이 21%인 것이다.

  이 수익률을 연간 수익률로 환산하면 은행 예금 금리와 비교해볼 수 있다. 그러나 운용수수료 등이 빠지기 때문에 실제로 손에 쥐는 수익금은 이러한 단순 계산 금액보다 적어진다.

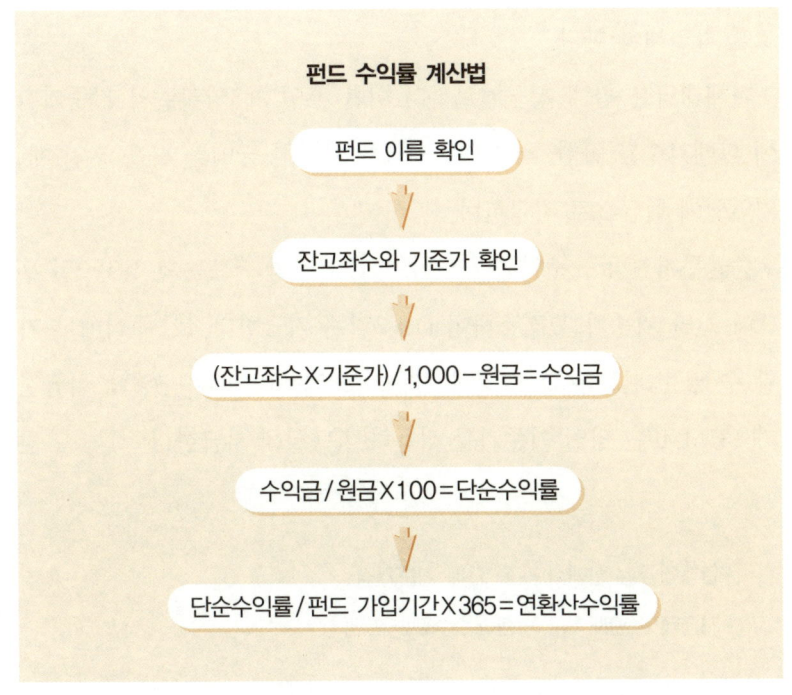

수익증권의 환매

수익증권은 유가증권이므로 타인에게 양도할 수도 있고, 운용회사에 환매를 요청하여 현금으로 교환할 수 있다. 수익증권의 환매란 투자자가 보유한 수익증권을 판매회사에 가서 다시 파는 것을 말한다. 환매는 신탁기간의 만료 이전에 투자자가 투자자금을 회수할 수 있는 환금성을 보장하기 위한 제도이다.

대부분의 수익증권은 중도 환매가 가능하지만 일정 기간 동안 환매를 할 수 없는 펀드도 있다. 또한 환매할 때는 인출금액, 세금, 잔고를 확인해야 한다.

환매대금은 환매 청구일로부터 이틀 후인 제3영업일의 기준가격에 환매좌수를 곱한 금액에서 세금을 차감한 금액을 사흘 후인 제4영업일에 현금으로 지급한다.

증권투자신탁 표준약관에 의하면 ① 채권형 펀드는 신청일 2일 후(D+2)의 기준가를 적용하여 D+2일에 지급한다. ② 주식에 투자할 수 있는 펀드는 D+2일의 기준가를 적용하여 D+3일에 지급한다. ③ MMF는 당일 기준가를 적용하여 당일에 지급한다.

- 환매대금 = 환매좌수 × 환매 기준가격
- 지급액 = 환매대금 − 환매수수료 − 세금

예를 들면 주식형의 경우 9월 1일에 환매청구를 했다면 9월 2일의 종가를 반영한 9월 3일의 기준가격으로 계산하여 9월 4일에 지급된다. 채권형의 경우에는 9월 1일에 청구하면 9월 3일의 기준가격으로 계산하여 9월 3일에 지급된다.

환매수수료란 수익증권을 환매 제한기간 이내 중도 환매할 때 신탁약관에서 정한 조건에 따라 투자자(수익자)에게 징수하는 수수료이다. 이 환매수수료는 반드시 펀드에 편입되도록 되어 있어 펀드를 보유하고 있는 잔여 투자자의 수익이 된다.

그리고 환매수수료를 부과할 때 그 구체적인 내용은 약관에 기재되어 있으나, 일반적으로 추가형인 경우 90일 미만이면 이익금액의 70%를, 단위형인 경우 180일 미만이면 이익금액의 70%를 부담하게 되어 있으므로 펀드에 투자할 때 자금의 운용기간을 감안하여 펀드의 종류를 결정해야 한다.

반면 수익증권의 상환이란 운용 종료일에 투자자산의 운용을 종료하고 잔고자산 가격을 잔고좌수 비율에 따라 투자자에게 돌려주는 것을 말한다. 일반적으로 단위형 펀드는 펀드를 설정할 때 상환일이 미리 결정되어 있으므로 사전에 확인해야 한다.

투자신탁 보수

투자신탁 재산의 관리와 운용은 위탁자인 운용회사와 수탁자인 수탁은행의 소관사항으로, 이들은 펀드에 대한 선의의 관리자로서 운영의 효율성과 건전성을 도모하기 위해 그 임무를 수행하고 있다. 이러한 책임의 대가로 운용자산에서 일정 비율의 신탁보수를 받고 있다.

투자신탁 보수는 자산운용회사가 취득하는 운용보수와 수익증권의 판매를 담당하는 판매회사가 취득하는 판매보수, 펀드 자산의 보관 및 관리를 담당하는 수탁은행이 취득하는 수탁보수로 구분된다. 신탁보수율의 수준과 각 보수간 비율은 자율적으로 정하는데, 일반적으로 판매수수료의 비중이 가장 높고 수탁보수의 비중이 가장 낮다.

따라서 일반투자자가 부담하는 신탁보수율은 각 보수의 합계액이다. 주식형 펀드는 2.0~3.0%, 혼합형 펀드는 1.5~2.0%, 채권형 펀드는 0.5~1.0% 수준이다.

펀드 운용의 절차

펀드의 운용을 전담하고 있는 운용회사에서는 어떠한 절차를 거쳐서 펀드를 운용하고 있는가? 운용회사의 운용 전문가인 펀드매니저는 여러 단계의 의사결정 과정을 거쳐 펀드를 운용한다.

일반적으로 투자운용 활동은 투자정책의 수립, 시장상황 예측과 증권분석, 포트폴리오 구성, 포트폴리오의 수정과 평가라는 여러 단계로 이루어진 체계적인 관리과정을 거친다.

…투자정책의 수립

투자정책은 펀드매니저가 새로 설립한 펀드를 운용할 때 지켜야 할 운용활동의 기준이 된다. 펀드의 투자목표, 투자 제약요소 등을 감안하여 투자정책을 수립해야 한다.

1) 투자목표

합리적인 투자운용을 하기 위해서는 투자정책에 부합되는 투자목표를 정해야 한다. 일반적인 투자목표는 물론 수익률의 극대화에 초점을 맞출 것이다. 그러나 실제 상황에서는 높은 투자수익을 기대할 경우 보다 큰 위험을 감수해야 한다.

따라서 펀드의 투자목표는 펀드를 설립할 때 신탁약관상 투자자들과 약속한 위험수용 정도(주식형, 혼합형, 채권형 등)와 운용상 제약요소 등에 따라 달라질 것이다.

2) 투자 제약요소

투자정책에 따라 투자목표를 달성하기 위한 운용행위를 할 때는 여러 가지 고려해야 할 제약요소가 있다. 투자정책 수립에 큰 영향을 미치는 제약요소에는 운용자산의 유동성 정도, 투자기간, 정부의 규제, 세금문제 등이 있다.

- **유동성** : 유동성이란 운용자산을 공정한 가격으로 얼마나 빨리 팔 수 있는가이다. 펀드매니저는 투자자의 펀드에 대한 환매 수준의 정도를 감안하여 적절한 유동성을 가지는 자산에 분산 투자한다.
- **투자기간** : 투자기간은 펀드의 운용을 종료하는 시점으로, 투자수익과 위험에 대한 기대와 관련하여 중요한 의미를 가진다. 일반적으로 투자자는 투자기간 말의 자산가치에 관심을 가지게 되며, 이 기간에 따라서 투자대상 자산과 각 자산별 투자금액의 배분이 달라진다.
- **정부의 규제** : 펀드를 운용하는 펀드매니저는 개인투자자에 비해서 운용상 준수해야 할 규제나 제약이 따른다. 따라서 이러한 규제와 제약을 정확히 파악하여 이에 합당한 포트폴리오를 구성해야 한다.
- **세금의 고려** : 펀드 운용의 결과인 수익률은 세후순이익을 기준으로 평가되어야 할 것이다. 세전수익률이 아무리 높아도 납부

해야 할 세금이 많다면 투자자에게 돌아갈 수익률은 그만큼 줄어든다. 따라서 펀드매니저는 운용자산의 거래에 소요되는 세금의 특성을 면밀하게 분석한 후 투자 의사결정을 내린다.

3) 투자정책의 수립

펀드 운용에 있어서 투자목표와 제반 제약요소에 따라 합리적인 투자정책을 결정한다. 그 주요 내용은 투자대상 자산의 배분비율 결정, 대상종목의 선정, 그리고 효과적인 위험관리 방법과 세금 등이 될 것이다.

...시장상황 예측과 증권분석

증권시장에 영향을 미치는 제반 경제변수를 조사하여 현재의 경제상황이 경기순환 주기상 어떠한 위치에 있는지 알아보고, 이에 적절한 유가증권을 수익률과 위험의 관계에서 선정하여 운용자산별 투자비중을 결정해야 할 것이다. 또한 각 산업별 분석과 개별 종목을 분석하여 상대적으로 저평가된 종목을 선택해 투자대상으로 삼는다.

이러한 과정을 거쳐 얻은 경제의 전반적인 움직임과 증권시장에 관한 예측자료, 나아가 개별 증권에 대한 분석자료는 포트폴리오 운용의 기본적인 자료로 활용된다.

...포트폴리오 구성

투자정책이 수립되고 시장상황에 대한 예측이 이루어지면 분석결과를 기초로 하여 투자목표를 효율적으로 달성할 수 있는 포트폴리오를 구성해야 한다. 이 경우 다음과 같은 사항을 결정한다.

1) 자산배분 활동

자산배분(Asset Allocation)이란 투자정책의 방향에 따라 선정된 여러 유형의 운용대상 자산을 구분하여 선택하고, 각 투자자산별로 투자비율을 결정하는 활동이다.

이러한 자산배분의 과정은 펀드의 운용성과 결정에 가장 중요한 영향을 미친다. 통계상으로 보면 펀드 수익률의 90% 이상이 자산배분 활동에 의해 결정된다는 것을 알 수 있다.

2) 포트폴리오 관리전략

자산배분을 하고 난 후 펀드매니저는 각 자산별로 투자종목을 선택하여 포트폴리오를 구성한다. 이 과정에서 첫째, 펀드 약관의 기본 취지에 따라 포트폴리오를 관리해야 하며 둘째, 구성하는 개별 종목을 구체적으로 선택하여 편입한다.

...포트폴리오의 수정과 성과 평가

펀드 관리의 마지막 단계는 포트폴리오의 수정과 성과 평가의 단계이다. 펀드매니저는 변화하는 투자환경을 지속적으로 모니터링하여 포트폴리오를 수정해야 한다. 마지막으로 투자성과의 측정과 평가는 위험과 수익이라는 전제 아래 투자목표의 달성이라는 거시적인 관점에서 이루어져야 할 것이다.

펀드의 결산은 어떻게 하나

우리의 모든 집단적인 경제행위는 일정 기간이 지나면 결산을 하는 것과 마찬가지로 펀드 투자도 반드시 1년마다 결산을 한다. 펀드를 결산할 때는 펀드 운용에서 발생한 이익금을 투자자에게 배분하는 절차를 가진다. 여기서 이익금이란 주식투자에서 얻은 매매차익과 배당금 및 채권투자에서 얻은 매매차익과 이자수입이 있다.

결산시 얻은 이 이익금은 투자신탁 약관에 따라 재투자된다. 재투자란 펀드 운용에서 얻은 이익금을 투자자에게 돌려주는 것이 아니라 수익증권을 추가로 구입하여 펀드에 다시 투자하는 행위이다. 이렇게 결산으로 재투자를 하면 고객의 계좌에는 보유 수익증권의 수량이 증가하게 된다.

이때 유의해야 할 점은 펀드의 기준가격이 다시 최초의 가격인 1,000원이 되어 시작된다는 것이다. 이러한 방식은 일반 주식이나 채권투자에는 없는 독특한 결산방식이다.

예를 들면 결산기 말 현재 수익증권의 기준가격이 1,500원이고 보유좌수가 1억 좌라면 결산을 한 후에는 기준가격이 1,000원이고 보유좌수가 1억 5,000만 좌로 바뀐다는 말이다.

펀드 투자의 역사

투자자의 재산을 모아 펀드를 구성하여 유가증권 등에 투자하는 펀드 투자제도는 19세기 중엽 영국에서 시작되었다. 당시 영국은 18세기 말경부터 산업혁명으로 인해 막대한 자본을 축적하게 되었고, 정부의 저금리 정책으로 인해 투자자들은 적절한 투자대상을 해외 시장에서 찾았다.

한편 유럽 대륙에서는 나폴레옹 전쟁이 끝난 후 전후 복구사업과 배상금 지불을 위해 고금리 채권을 발행하였으며, 미국도 철도·항만·통신 등 국가 기간산업 시설에 대한 자금수요가 많아서 비교적 고금리 수준이 유지되고 있었다.

따라서 상당수의 영국 투자자들은 고금리를 지급하는 외국의 정부나 기업이 발행하는 유가증권에 투자하게 되었다. 이때 대자본가들은 해외 투자대상에 대한 정보를 잘 알 수 있었으나 일반투자자들은 투자대상에 대한 조사나 전문적인 연구를 하기가 어려웠기 때문에, 전문기관인 투자자문회사가 생겨나 이를 이용하여 해외투자가 가능해졌다.

역사상 최초의 투자신탁 펀드는 1868년 영국에서 설립된 'The Foreign and Colonial Government Trust'이다. 이 펀드는 계약형 투자신탁으로 펀드의 설립취지서에 "이 신탁의 목적은 여러 종류의 외국 및 식민지 정부의 증권에 분산투자하여 투자위험을 감소시키고, 대자본가와 동일한 투자수익을 일반투자자에게 분배하는 데 있다"라고 명시하고 있어, 오늘날 투자신탁제도와 마찬가지로 위험감소를 위한 분산투자와 다수의 일반투자자의 자금을 모아서 공동 투자하여 대자본가와 동일한 수익 제공을 목표로 한 점 등에서 투자신탁의 기원으로 인정받고 있다.

이어서 1873년 설립된 'The Scottish American Investment Trust'는 보유 유가증권의 매매 및 펀드 주권의 매매원칙이 확립된 최초의 관리형 투자신탁이다.

영국에서 탄생한 투자신탁제도는 곧이어 미국으로 전파되었다. 당시 미국은 제1차 세계대전으로 유럽의 생산시설이 파괴되고 농업생산이 감소되어 필요한 물자를 유럽으로 대규모 수출하게 되었고, 이때 축적한 자본에 힘입어 투자신탁제도가 크게 발전하였다. 그 후 1929년 경제대공황 당시 증권시장의 대폭락으로 큰 위기를 맞기도 했으나, 1940년 투자회사법과 투자자문법이 제정되면서 비약적인 성장을 보이며 오늘날에 이르렀다.

우리나라에서 투자신탁제도는 경제개발계획의 성공적인 수행을 위한 자본시장의 육성·발전을 위해 도입되었다. 1968년 '자본시장 육성법'의 제정으로 증권투자신탁업이 등장하고, 그 해 12월 한국투자공사가 설립됨으로써 투자신탁제도가 본격적으로 도입되었으며, 1969년 '증권투자신탁업법'이 단일법으로 제정되어 본격적인 법적 체제를 갖춘 이후 지금까지 발전해왔다.

나아가 2004년 4월부터 시행된 자산운용업법의 등장으로 기존의 증권투자신탁업법과 증권투자회사법은 사라지고 본격적인 간접투자 시대가 도래하게 되었다.

신설된 자산운용업법에서는 간접투자의 정의를 "다수의 투자자로부터 자금을 모아, 이를 특정 자산에 운용하고 그 결과를 투자자에게 귀속시키는 것"으로 규정하고 있으며, 펀드 판매채널의 다양화, 펀드 투자대상 범위의 확대, 펀드 판매 및 환매제도 개선, 투자자 보호제도 강화 등으로 펀드 업계의 새로운 발전을 위한 기반이 확실하게 조성되었다고 할 수 있다.

3장

펀드에는 어떤 유형이 있나

펀드의 유형

　펀드의 유형별 구분은 학문적으로 연구되어 정의된 것이 아니라, 실제로 업무를 수행하는 과정에서 업무의 편의상 분류된 것이다. 따라서 절대적인 정의라기보다는 업무수행 과정상 상호간에 의사소통에 편리한 정도라고 생각하면 될 것이다.

주식형 펀드와 채권형 펀드

　펀드 투자란 펀드 운용에서 발생한 수익을 투자자에게 지분에 따라 분배하는 실적배당형 투자방법이다. 펀드를 투자대상 유가증권의 비율에 따라 신탁재산 총액의 60% 이상을 주식에 투자하는 주식형, 60% 이상을 채권과 현금성 자산에 투자하는 채권형, 주식형 및 채권형이 아닌 혼합형으로 구분할 수 있다. MMF는 CD, CP, 통안증권 등 단기성 자산에 투자하는 채권형의 일종이다.

...주식형 펀드

주식형 펀드는 신탁재산을 주식, 채권, 주가지수 선물과 옵션 등에 투자하되 운용자산의 60% 이상을 주식에 운용하며, 여기서 발생한 운용수익을 실적에 따라 투자자에게 분배하는 상품으로, 주가가 상승할 때 상대적으로 유리하다. 그러나 주가가 하락할 때는 원금의 손실이 예상되므로 고위험 · 고수익 원칙이 적용되는 상품이다.

주식형 펀드의 특성은 첫째, 다양한 투자대상이 있어서 투자자의 기호에 적합한 상품을 선택할 수 있다.

둘째, 선물 · 옵션 등 파생상품을 이용하면 주가가 하락할 때도 헤지가 가능하므로 큰 손실을 막을 수 있다.

셋째, 주식 등 유가증권 매매차익은 비과세되며, 1년 이상 가입할 때 세금우대 종합저축 한도(일반인 5,000만 원, 장애인 6,000만 원, 미성년자 1,500만 원) 내에서 세금우대(10.5%)가 가능하다.

넷째, 환매 제한기간이 지나면 항상 환매가 자유롭기 때문에 유동성이 높다.

주식형 펀드를 선정할 때는 첫째, 주식시황을 전망하여 투자대상 펀드가 약관상 주식형인지 채권형인지를 먼저 결정해야 한다. 이 경우 경기전망을 예상한 후에 상승이 예상될 때는 주식형 펀드를, 경기하락이 예상될 때는 채권형 펀드가 적절하다.

둘째, 펀드매니저의 운용능력을 알아야 한다. 최근의 운용성과만 보면 운용자의 전체적인 능력을 알 수 없다. 따라서 최근 4~5년간의 운용성과를 보되 반드시 동일 기간 종합주가지수의 상승률 및 유사 펀드의 수익률과 상호 비교해보아야 한다.

...채권형 펀드

채권형 펀드는 주식이 아닌 국공채나 회사채를 비롯해 단기 금융상품(CP, CD, Call 등)에 최저 60% 이상을 투자하여 운용하는 펀드를 말한다.

채권형 펀드는 투자기간에 따라 단기형, 중기형, 장기형으로 구분한다. 단기형은 투자기간이 6개월 미만으로 MMF, 단기 공사채가 대표적인 상품이고, 중기형은 투자기간이 6개월 이상 12개월 미만으로 중기 공사채가 대표적인 상품이며, 장기형은 투자기간이 12개월 이상으로 장기 공사채와 단위형 공사채가 대표적인 상품이다.

각 펀드는 환매 제한기간이 정해져 있으므로 투자기간의 선택은 투자자의 자금운용 상황에 맞추어 선택해야 한다. 그러나 일반적으로 장기형이 단기형보다 안정적으로 운용할 수 있으므로 수익률이 보다 양호하다고 할 수 있다.

그리고 채권형 펀드도 실적에 따라 수익금을 분배하는 상품이므로 원리금이 반드시 보장되는 것은 아니라는 점을 명심해야 한다. 과거에는 채권형 상품을 원리금이 보장되는 저축상품으로 표현했으나, IMF를 거치며 시가평가제가 시행된 이후부터는 시중금리 사정에 따라 그 가치가 변하는 투자상품으로 표현하게 되었다.

따라서 판매회사에서 제시하는 목표수익률이나 기대수익률은 과거의 실적과 금리전망에 의해 그 정도의 수익률을 예측할 수 있다는 의미일 뿐이므로 이를 전적으로 신뢰할 수는 없다.

...혼합형 펀드

혼합형 펀드는 펀드의 약관상 주식이나 채권 중에서 어느 한쪽이라도 60% 이상을 포트폴리오에 편입할 수 없는 펀드로서, 주식과 채권이 적절하게 혼합되어 있다.

혼합형 펀드는 주식과 채권이 균형있게 혼합되어 있으므로 밸런스형 펀드(Balanced Fund)라고도 한다. 이 펀드는 큰 위험이 수반되지 않고 주가상승에 어느 정도는 편승하여 수익을 얻을 수 있으므로 일반투자자들이 많이 선호하는 상품이다.

또한 혼합형 펀드는 주식에 대한 투자비중에 따라 안정형 펀드, 안정성장형 펀드, 성장형 펀드로 구분할 수 있다. 안정형은 주식 등에 대한 투자비율이 30% 이내, 안정성장형 펀드는 주식 등에 대한 투자비율이 30~60%, 성장형 펀드는 주식 등에 대한 투자비율이 60% 이상인 펀드를 말한다.

그리고 테마형 펀드는 시장을 주도하는 특정 테마에 집중하여 투자하는 펀드로서 코스닥 전용 펀드, 블루칩 전용 펀드 등이 있다.

...MMF

MMF(Money Market Fund)는 운용회사가 여러 고객으로부터 자금을 모아 주로 단기 유동성 자산인 양도성 예금증서(CD), 기업 어음(CP), 증권금융 발행 어음, 잔존 만기 1년 미만의 국채나 통화안정증권 등의 유가증권에 운용하여 얻은 수익률을 고객에게 배당하는 채권형 투자신탁 상품이다.

이 상품은 최저 가입금액의 제한이 없고 환금성이 높기 때문에 시중 실세금리 수준의 수익률을 올릴 수 있어 소액 자금뿐만 아니라 조만간 사용할 예정인 단기 자금을 활용하는 데 유리하다.

MMF의 펀드에 편입되어 있는 채권은 시장가격이 아닌 장부가격으로 평가하기 때문에 상대적으로 안정된 수익률을 얻을 수 있으므로 입출금이 자유롭다. 그러나 이 MMF도 수시로 가입과 환매가 가능한 신종 MMF와 가입 이후 한 달 이내에 환매할 때는 수수료를 부과하는 클린 MMF로 구분할 수 있다.

MMF와 성격이 유사한 상품으로는 은행의 시장금리부 수시입출금식 예금인 MMDA와 종합금융회사의 어음관리 계좌인 CMA가 있다.

수익증권과 뮤추얼펀드

투자자를 대신하여 전문 투자기관이 운용을 대행해주는 간접투자 상품인 펀드는 조직의 법적 성격에 따라 투자신탁 상품인 수익증권과 증권투자회사 상품인 뮤추얼펀드로 구분할 수 있다.

…수익증권

수익증권이란 고객인 투자자로부터 모은 자금으로 공동기금(펀드)을 만들고 투자전문가(펀드매니저)가 주식, 채권 등 다양한 대상 자산에 투자·운용하여 발생한 수익을 고객에게 분배해주는 계약형 간접투자기구이다.

이때 자산운용회사는 펀드를 설정할 때 간접투자 증권인 수익증권을 발행하여 기금을 조성하며, 이 기금을 자산운용회사인 투자신탁 운용회사가 운용한다. 우리나라의 펀드 제도는 이 계약형 펀드인 수익증권 제도가 먼저 도입되었고 현재 판매 중인 펀드의 대부분이 수익증권이다.

계약형 펀드는 위탁자(운용회사)와 수탁자(은행)가 신탁약관에 의해 계약을 체결하고, 그 내용에 따라 신탁을 설정하여 수익증권을 발행함으로써 성립한다. 따라서 신탁약관은 위탁자, 수탁자, 수익자 간의 법률관계라고 할 수 있다.

1) 위탁자(운용회사)

펀드의 운용관리에 대한 전반적인 업무를 담당하고 있다. 주요 업무는 신탁재산의 운용, 수익증권 발행, 신탁약관의 작성 등을 담당한다. 이 위탁자는 운용 전문인력을 보유하고 자본금이 100억 원 이상인 회사로서 금융감독위원회의 허가를 받은 주식회사이다.

2004년 자산운용업법의 개정으로 운용대상 자산을 유가증권, 기업 어음, 파생상품, 부동산, 실물자산 및 유동성 자산으로 확대해 운용범위가 매우 다양해졌다. 또한 투자자인 수익자 보호를 위해 수익자 총회를 통하여 운용에 관한 주요 사항에 대해 자율적으로 결정할 수 있도록 하였다.

2) 수탁자(수탁은행)

수탁자는 운용자산을 보관하고 운용회사의 운용지시에 따라 운용자산을 관리한다. 또한 투자자 보호를 위해 운용 지시사항 등에 대한 감시 역할을 수행하기도 한다. 수탁자는 주로 신탁업무를 담당하는 은행에서 맡는다.

3) 수익자

수익자는 수익증권의 소지인으로 이익분배 상환금 청구권, 환매 청구권, 수익자 총회 의결권 등을 가지지만 신탁보수나 중도 환매할 때는 환매수수료를 부담한다.

4) 판매회사

증권회사, 은행, 보험회사, 선물회사 등이 수익증권의 판매업무를 담당하며, 펀드의 순자산가치에 판매수수료율을 곱하여 판매수수료를 받는다. 그리고 판매회사가 운용회사를 대신하여 투자자인 대고객 업무를 담당한다.

…뮤추얼펀드

뮤추얼펀드란 투자자(주주)로부터 출자금을 모아 주식회사(증권투자회사)를 설립한 후 자산운용회사를 선정하여 그 자산을 유가증권 등에 투자한 후 수익을 주주인 투자자에게 배당금 형태로 분배하는 것을 목적으로 설립된 독립적 회사형 펀드를 말한다. 우리나라에도 최근에 도입되어 판매 중이다.

여기서 증권투자회사란 유가증권 등에 투자할 목적으로 설립한 명목상의 회사(Paper Company)이다. 이 회사형 펀드는 주식회사의 형태를 가지고 있으므로 내부 조직으로 주주총회, 이사회, 감사 등이 있어서 내부 통제를 통해 계약형 펀드인 수익증권보다는 더욱 자율적으로 관리·운용되고 있다고 할 수 있다.

또한 증권투자회사가 실체가 없는 회사이므로 뮤추얼펀드의 자산운용 업무는 별도의 운용회사를 선정하여 운용을 전담하도록 하고 있다. 수익증권의 투자자는 단순한 수익자의 위치로 분배금을 받지만, 뮤추얼펀드의 투자자는 주주의 위치에서 배당금을 받는다는 점에서 차이가 있다.

1) 자산운용회사

계약형 신탁의 위탁회사와 같은 역할을 담당하는 회사로서 회사형 펀드로부터 운용을 위탁받아 업무를 수행하는 펀드 운용 중심의 회사이다. 그리고 자산운용회사는 이사회에 참석하여 주요 의사결정에 참여하고 선의의 관리자로서 자산의 운용업무를 담당한다.

2) 자산보관회사

자산보관회사는 계약형 펀드의 수탁자와 같은 역할을 하는 회사이다. 회사형 펀드로부터 펀드의 자산보관 및 관리업무를 담당하여 운용회사의 지시에 의해 증권의 입출고, 자금 입출금 등의 업무를 수행한다.

3) 일반 사무관리 회사

증권투자회사에서 발생하는 행정적인 실무(이사회 및 주주총회 개최 등 세부업무) 및 주식의 발행, 명의개서 등의 업무를 담당하는 회사로서, 일반적으로 자산운용회사가 펀드를 대신하여 그 업무를 수행한다.

수익증권과 뮤추얼펀드의 비교

구 분	수익증권	뮤추얼펀드
설립 형태	신탁계약 관계	주주모집 관계
발행 유가증권	수익증권	증권투자회사의 주식
투자자의 지위	수익자	주주
설립규제	설립요건 엄격	상대적 용이
통제제도	감독기관의 감독	내부 자율규제
환매방법	판매회사(증권, 은행)	폐쇄형 : 시장 매도 개방형 : 판매회사(증권, 은행)

4) 판매회사

증권투자회사의 위탁을 받아 주식(수익증권에 해당)을 투자자를 상대로 모집 또는 판매에 관한 업무 및 환매 관련 업무를 담당하는 회사로서 계약형 펀드의 판매회사와 역할이 동일하다.

수익증권과 뮤추얼펀드의 업무상 차이점은 M&A펀드와 같이 펀드가 주체가 되어 다른 회사를 인수할 경우, 부동산을 인수하는 경우, 펀드에서 발생하는 여러 세금을 납부할 때 계약형 펀드는 법률적 행위를 할 수 없다.

가치주 펀드와 성장주 펀드

...가치주 펀드

가치주(Value Stock)란 기업의 내재가치를 분석하여 주가가 내재가치에 비해 저평가되어 있는 주식을 말한다. 주식이 시장의 주된 테마에서 소외되어 가격이 하락한 경우 일정 기간이 지나면 원래의 가치가 반드시 반영된다는 원리에 입각한 것이다.

이러한 가치주 펀드를 운용하는 펀드매니저는 계속 가치주를 발굴하여 펀드에 편입하는 노력을 지속해야 하며 시장이 정상적으로 돌아오기를 기다리는 인내심을 가져야 한다. 1998~1999년 IT산업에 대한 기대감으로 성장주의 주가가 천정부지로 치솟을 때 가치주 펀드들은 외로움을 느껴야 했다.

그러나 2000년 들어 IT붐이 수그러들고 시장이 조정기에 들어가자 가치주들이 빛을 발하기 시작해, 가치주 펀드를 보유한 운용회사는 함성을 질렀다. 세계적인 펀드매니저들은 대부분 투자원칙에 따라 가치주에 집중하여 투자한다.

...성장주 펀드

성장주란 현재 기업의 재무상태는 양호하지 않으나 미래에 높은 성장으로 우수한 실적이 기대되는 주식을 말한다. 1999년 코스닥 열풍으로 기업 실적을 확인할 수도 없는 신설 IT기업들의 주가가 엄청

나게 치솟았다.

　새로운 밀레니엄에 대한 기대와 함께 일기 시작한 성장주 붐은 일부 투기세력의 조작과 투자자들의 무분별한 투기편승으로 엄청난 거품이 일었으며, 2000년 4월부터 거품이 꺼지기 시작하여 2004년 현재까지 그 위치를 회복하지 못하고 있다.

　성장주를 분별하는 데는 엄청난 함정이 있다. 미래 기대이익이란 어디까지나 기대치에 불과하므로 그 실현 여부가 불확실하기 때문에 자칫하면 주식이 휴짓조각으로 바뀔 수 있다는 점이며, 이러한 우려가 그후 현실로 드러났다.

　그럼 가치주와 성장주 가운데 어느 펀드에 가입하는 것이 유리할까? 가치주는 당장 주가가 오르지 않기 때문에 인내심을 가지고 기다려야 한다는 단점이 있고, 성장주는 잘못하면 주식이 휴짓조각으로 변할 수도 있다.

　과거 1990년대에는 성장주의 수익률이 높았고 그 외의 기간은 가치주에 대한 투자가 상대적으로 유리했다.

　따라서 가치주와 성장주의 구분은 별개의 투자전략으로 보는 것보다는 상호 병행하여 투자하는 것이 유리할 것이다. 주식형과 채권형 펀드를 이분법적으로 구분하는 것은 실익이 없는 것과 마찬가지 원리라고 보아도 무방할 것이다.

공모 펀드와 사모 펀드

...공모 펀드

펀드 투자자의 수가 30인 이상인 경우에 모집 또는 매출의 방법에 의해 수익증권을 발행하여 조성되는 펀드이다. 공모 펀드는 다수의 투자자가 펀드의 이해에 관계되므로 공익을 중시하고 복잡한 위험 관리 및 펀드에 대한 감시·감독·공시체제가 갖추어져 있다.

...사모 펀드

투자자가 30인 미만인 경우에 수익증권을 발행하여 조성되는 펀드이다. 해당 투자자는 주로 이 제도를 잘 이해하고 있는 기관투자가 등 소수의 투자자이므로 감시·감독체제가 공모 펀드보다는 다소 완화되었다고 할 수 있다.

인덱스 펀드, 테마 펀드, 엄브렐러 펀드, 벌처 펀드

주식형 펀드 중에서 포트폴리오 구성대상 종목이 특정 테마에 한정되는가, 또는 시장 전체 종목이 대상이 되는가를 기준으로 하는 구분이다.

...인덱스 펀드

인덱스 펀드(Index Fund)란 시장의 장기적 성장추세에 맞추어 수익을 얻기 위해 펀드의 수익률이 종합주가지수 변동과 연동되도록 포트폴리오를 구성한 펀드이다. 이 펀드는 과거 기관투자가들이 주식형 펀드를 운용할 때 운용성과가 종합주가지수의 평균 수익률, 즉 시장수익률에 미치지 못하는 경우가 비일비재했기 때문에 시장수익률을 목표로 하는 투자방법을 연구하게 되었다.

따라서 종합주가지수 계산방법과 동일하게 시가총액 비율 상위 종목으로 포트폴리오를 구성하면 종합주가지수 수익률, 즉 시장수익률과 유사한 성과를 얻을 수 있다. 인덱스 펀드의 도입으로 일반투자자들은 소액의 자금으로 시장수익률과 동일한 수익률을 얻을 수 있는 펀드에 투자할 수 있게 되었다.

인덱스 펀드는 1970년대 초반 미국 시장에서 도입된 자산운용 기법으로 금융시장이 발달하면서 위험회피 전략이나 차익실현을 위한 투자전략으로 이용되어왔다.

이 펀드의 특징은 최소의 인원과 비용으로 투자위험을 효율적으로 줄일 수 있도록 적은 종목으로도 지수의 움직임과 유사한 포트폴리오를 구성할 수 있다는 점이다. 또한 이 펀드를 보유한 경우 주가지수 선물을 이용하면 안전하게 차익매매를 하여 수익률을 얻을 수 있다.

...테마 펀드

테마 펀드란 증권시장을 주도할 것으로 예상되는 특정 종목군에 집중적으로 투자하여 시장수익률보다 높은 추가수익률을 얻고자 하는 주식형 펀드의 일종이다.

이 펀드는 특정 업종이나 주요 테마 종목에 집중하여 투자하므로 상당한 위험이 수반되며, 펀드의 관리에도 상당한 노력과 인력이 요구된다. 예를 들면 첨단업종이 크게 상승할 것이 예상되는 경우 IT업종 전용 펀드나 코스닥 전용 펀드, 전기·전자업종 전용 펀드 등에 투자하는 경우이다. 테마 펀드의 대표적인 예로 엄브렐러 펀드를 들 수 있다.

...엄브렐러 펀드

엄브렐러 펀드(Umbrella Fund)란 투자자가 시장상황에 따라 환매수수료를 별도로 부담하지 않고 다른 테마의 펀드로 자유롭게 전환할 수 있는 펀드로서, 하나의 약관 아래 여러 개의 하위 펀드가 있는 모양이 마치 우산과 같다고 하여 붙여진 이름이다.

하위 펀드의 구성은 일반적으로 MMF, 공사채 수익증권, 안정형 수익증권, 성장형 수익증권, 정보통신 펀드, 코스닥 전용 펀드, 공모주 전용 펀드의 7개로 구성되어 있으나 그 유형은 위탁회사가 자율적으로 결정하게 되어 있다. 다만 스팟형 펀드, 세제우대 펀드 및 해외투자 펀드는 엄브렐러 펀드의 패키지에 포함시킬 수 없다.

엄브렐러 펀드의 전환은 연간 12회 이내에서 전환수수료 없이 가능하며, 1년 이상 가입할 때는 세금우대 종합저축 한도 내에서 세금우대가 가능하다. 수익률을 올리기 위해서는 금리와 주가 등 경제상황의 변화추세를 잘 보고 전환시점을 포착해야 한다.

...벌처 펀드

벌처 펀드(Vulture Fund)란 투자자들로부터 자금을 모아 주로 회생 가능성이 높은 구조조정 대상 기업이나 자금난을 겪고 있는 벤처기업 등을 인수하여 정상화시킨 후, 이를 매각하여 높은 수익을 얻어 투자자들에게 분배해주는 펀드로 상당한 위험이 수반된다.

더구나 벌처 펀드는 이름에서 알 수 있는 것처럼 약자를 괴롭히는 강자를 연상케 한다. 1980년도 미국에서 유행하기 시작한 이 펀드는 자금이 어려운 기업의 주식을 매수한 후 경영자에게 부당한 압력을 행사하는 등의 교란행위를 하여 그 주식을 고가에 다시 매도하여 얻은 이익을 수익자에게 분배하는 펀드로서 윤리적으로는 다소 문제가 많았다고 할 수 있다.

개방형 펀드와 폐쇄형 펀드

펀드 설립 이후 자유롭게 환매 가능 및 환매수수료 부과기간에 따른 구분으로 개방형과 폐쇄형이 있다.

...개방형 펀드

　개방형 펀드는 펀드의 존속기간 중에 수익증권의 환매(출금)를 자유롭게 청구할 수 있는 펀드로서 대부분의 계약형 펀드가 이에 속한다. 개방형 펀드는 사전에 정해진 기간(환매 제한기간) 이전에 환매를 청구할 경우 환매수수료를 부담해야 한다. 환매수수료는 환매로 인해 펀드의 재조정에 따른 제반 비용이 수반되므로 이에 대한 보상의 성격이라 할 수 있다.

　개방형 펀드는 환매 제한기간에 따라 단기형, 중기형, 장기형으로 구분한다. 단기형은 6개월(180일), 중기형은 9개월(270일), 장기형은 12개월 이내에 환매를 신청할 경우 펀드 수익의 일정 부분을 환매수수료로 부담해야 한다.

...폐쇄형 펀드

　폐쇄형 펀드는 신탁기간 중에 환매가 제한되는 상품이지만, 펀드 매니저가 일정 기간 동안 자산을 안전하게 운용할 수 있는 장점이 있다. 그러나 투자자에게 현금으로 교환할 수 있는 유동성을 부여하기 위해 증권시장에 상장(등록)하는 것이 일반적이다. 따라서 투자자는 투자자금의 투자 가능 기간을 정확히 예상하고 난 후 펀드 가입 여부를 결정해야 한다.

역내 펀드, 역외 펀드, 외국 펀드

펀드의 자금이 국내에서 조달된 펀드를 역내 펀드(On-shore Fund)라고 한다. 반면에 역외 펀드(Off-shore Fund)란 투자자금을 투자대상국이 아닌 제3국에서 모집하여 만든 펀드이다. 예를 들면 일본이나 유럽, 미국 등 다른 나라에서 자금을 모집하여 한국 시장에 투자하기 위해 설립한 펀드가 역외 펀드이다.

역외 펀드는 투자자가 속한 특정 국가의 조세제도나 운용상의 제약을 피할 수 있고 조세, 금융, 행정 등 여러 면에서 유리한 점을 향유하려는 목적에서 이용된다. 따라서 조세 피난지역으로 나가서 펀드를 설립하고 그것을 자국에 역수입하여 국내에 판매하는 경우가 많다.

우리나라에서 투자하는 역외 펀드는 주로 매매차익에 대한 과세가 없고 자산운용상의 법적 규제가 없는 버뮤다(Bermuda), 영국의 버진 아일랜드(Virgin Island) 등 조세 피난지(Tax Haven Area)에 본거지를 두고 있다. 대표적인 역외 펀드로는 국내 투자를 전문으로 하는 코리아 펀드, 코리아 유럽 펀드 등 100여 개의 역외 펀드가 있으며, 세계적으로는 1,500여 개가 있을 것으로 추정된다.

이와 유사한 국제 투자신탁으로는 외국인 전용 투자신탁과 해외 투자신탁이 있다.

외국인 전용 투자신탁은 비거주자인 외국인 투자자에게 수익증권을 매각하여 자금을 모집한 후 주로 국내 상장주식 등에 투자하여 운용하는 투자신탁으로, 외국인 직접투자에 수반되는 투자한도 제한이 적용되지 않는 장점이 있다.

그리고 해외 투자신탁은 주로 내국인을 대상으로 투자자금을 모집하고 해외의 유가증권에 분산 투자운용하여 그 수익금을 내국인에게 분배하는 펀드이다. 또한 외국 투자신탁은 외국 법령에 의해 외국에서 설정·발행된 펀드를 국내에서 판매하는 펀드로서 자본시장 국제화의 일환으로 허용되어 있는 펀드이다.

일반과세형 펀드, 세금우대형 펀드, 분리과세형 펀드, 비과세형 펀드

펀드의 수익은 일반적으로 주식의 경우는 매매차익인 자본소득과 배당소득이며, 채권의 경우에는 매매차익인 자본소득과 이자소득이라고 할 수 있다. 이 중에서 매매차익은 과세대상에서 제외되고 배당소득과 이자소득만 과세대상이 된다.

그러나 개인이 이러한 내용을 파악할 필요는 없다. 환매할 때 원천징수를 한 잔금만 지급되기 때문이다. 그래도 투자자는 자신이 투자하는 펀드가 어떠한 세제혜택을 받을 수 있는지 판매회사 직원에게 문의하여 철저하게 알고 있어야 한다.

...일반과세형 펀드

일반과세형 펀드는 펀드의 과세소득에 대해 일반 소득세율(소득세 15% + 주민세 1.5%)이 적용되는 펀드이다. 펀드의 결산일 현재 채권 등의 편입비율이 50% 이상이면 이자소득세, 50% 미만이면 배당소득세로 구분한다.

...세금우대형 펀드

세금우대형 펀드는 과세소득에 대해 저율의 과세(소득세 10% + 농특세 0.5%)가 부과되는 펀드이다. 금융소득 종합과세 대상이 아니며, 세금우대 종합통장을 통해 1년 이상 펀드에 가입할 때는 저율과세되고, 1인당 한도 4,000만 원(노인·장애자 6,000만 원, 미성년자 1,500만 원) 이내이며 금융기관 복수거래가 가능하다.

이러한 상품의 유형은 세금우대 종합통장에서 각사가 지정한 펀드를 매입하여 1년 이상 투자할 때 적용된다. 일반적으로 환매수수료 부과기간이 1년인 장기 하이일드, 채권형 등의 상품이 세금우대 펀드로 판매되고 있으며 별도로 세금우대 펀드라는 명칭의 펀드는 없다.

...분리과세형 펀드

분리과세형 펀드는 과세소득에 대해 분리과세(소득세 30% + 주민세 3%)가 부과되는 펀드이다. 이 펀드는 가입 후에 투자자가 별도로 분리과세를 신청하면 33%를 부과하며 과세 후 종합과세 대상에서 제외된다. 분리과세 신청을 하지 않을 경우 16.5%를 원천징수한 후에 종합과세 대상이 된다.

이 상품은 신탁 개시일부터 신탁기간 만료일까지의 기간이 5년 이상, 공사채 투자비율이 50% 이상이어야 한다. 이 상품은 일반적으로 종합과세 대상 소득이 8,000만 원 이상인 고소득자가 해당되므로 가입할 때 개인별로 유리한지 여부를 꼼꼼하게 따져보아야 한다.

...비과세형 펀드

비과세형 펀드는 펀드 수익에 대해 이자 및 배당소득이 전혀 부과되지 않으며 금융소득 종합과세 대상이 아니다. 대표적인 비과세 펀드로는 생계형 비과세 펀드가 있다. 이 펀드에는 노인(남 65세, 여 60세 이상)과 장애자 및 생계보호 대상자, 상이군경만이 가입할 수 있다.

또한 비과세 장기 주식형 펀드는 저축기간이 1년 이상이며, 연평균 주식편입 비율을 60% 이상 유지해야 한다. 이 펀드는 1인당 한도가 8,000만 원이며 2005년 말까지 발생하는 소득에만 비과세가 적용된다.

또한 장기주택마련 펀드가 있다. 18세 이상 무주택 세대주가 가입할 수 있으며, 7년 이상 가입하면 배당소득과 이자소득에 대해 완전 비과세된다. 가입금액은 월 1만 원에서 100만 원까지 투자가 가능하고, 연간 납입액의 40% 이내에서 최고 300만 원까지 소득공제 혜택이 주어진다. 즉 비과세에다 소득공제 혜택까지 주어지므로 매우 유리한 펀드이다.

4장 펀드 투자는 어떻게 하나

펀드 투자의 요령

　종합주가지수가 상승해도 개인투자자의 직접투자는 오히려 손해를 보고 있는 지금과 같은 시장에서는 간접투자 상품인 펀드 투자에 눈을 돌려보는 게 좋다.

　그러나 막상 투자할 펀드를 선택하려고 하면 많은 펀드 가운데 어느 펀드를 선정해야 할지 몰라 망설이게 된다. 그 이유는 투자자의 성향이나 금융시장의 여건 등에 따라 선정해야 하는 대상 펀드가 달라지기 때문이다.

　따라서 투자자는 판매회사의 FP와 구체적인 상담을 한 후에 투자 상품을 결정하는 것이 좋다.

자신에게 적합한 펀드를 찾는다

사람들은 저마다 자신의 체형에 맞게 옷을 입는다. 만일 몸에 비해 큰 옷을 입는다면 많이 거추장스럽고, 반대로 꽉 끼는 옷을 입으면 무척 갑갑함을 느낀다. 투자할 때도 마찬가지이다. 자신의 투자성향을 고려하지 않고 투자하는 것은 몸에 맞지 않는 옷을 입는 것과 같다. 투자성향 분석이란 바로 이런 것이다.

펀드에 가입하기 전에 먼저 자신의 투자성향이 어떠한지 점검해 보아야 한다. 이는 양복을 사기 전에 허리둘레를 재어보는 것과 같다. 그러나 운동을 열심히 하면 허리둘레가 조금씩 바뀌는 것과 같이 투자성향도 그때그때의 투자여건, 투자자금의 성격, 투자기간, 투자목적 등에 따라 바뀔 수 있다.

여유자금으로 투자하는 경우와 퇴직금으로 투자하는 경우를 가정해보자. 여유자금으로 투자한다면 손실이 발생해도 기다리거나 다시 보충할 경제적 자원이 있다. 반면에 생활비로 사용해야 할 퇴직금이라면 손실이 발생할 경우 계속 기다리거나 이를 만회하기 위해 투여할 자산이 없다. 따라서 퇴직금으로 투자할 경우라면 훨씬 더 보수적인 투자를 해야 한다.

투자성향 분석은 무엇인가에 투자하고자 결정한 시점 당시에 자신에게 가장 적합한 투자대상은 무엇인지 찾아내기 위한 첫걸음이다. 그러나 대체로 투자성향 분석은 자산을 투자대상 상품에 배분할 때 주식형 펀드에 얼마나 투자할 것인가를 판별하기 위한 자료로 활용되는 경우가 많다. 예를 들어 투자하고자 하는 자산이 모두 1억 원이라고 했을 때 얼마만큼을 주식형 펀드에 투자할 것인지 결정해야 한다.

어떤 투자자에게는 주식형 펀드가 전혀 적합하지 않을 수 있고, 또 어떤 투자자는 1억 원 중에서 8,000만 원을 주식형 펀드에 투자하는 것이 적합할 수도 있다.

그래서 펀드 투자를 하기 위해서는 먼저 자신의 투자성향을 알아야 한다. 일반적으로는 수익률이 높은 펀드를 원하겠지만 고수익 펀드는 고위험이 수반되게 마련이다. 따라서 자신의 위험수용 정도에 따라 펀드의 유형을 달리 정해야 한다.

이러한 투자성향을 알려면 판매회사(증권사, 은행, 보험사)의 금융자산관리사와 상담하거나 설문조사에 응하면 된다. 투자성향을 판단했다면 펀드 투자의 첫 단계에 진입한 것이라고 할 수 있다. 일반적으로 투자성향에 따른 펀드 투자 포트폴리오의 유형을 예시하면 다음과 같다.

...원금보존형

원금보존을 최우선으로 하는 매우 보수적인 투자로, 고정수입 없이 노후 연금으로 생활하는 60대 이후 노년층에 적합한 투자형태이다. 이러한 유형은 유동성이 높고 원금손실이 발생할 가능성은 거의 없으나 투자수익율은 낮아질 수밖에 없다. 이러한 투자자는 각종 세금우대 펀드에 가입하면 이중의 투자효과를 얻을 수 있다.

...적정 수익 추구형

원금보존형과는 달리 적정 수익률을 얻기 위해 약간의 위험은 감수하는 투자형태이다. 30, 40대의 보수적인 투자자나 어느 정도 생활의 여유가 있는 50대 투자자에게 권유하고 싶다. 이 경우에도 감세형 내지 면세형 펀드를 이용해야 하며 주식형 펀드의 비중을 실물자산 펀드와 분산하여 투자하는 것이 좋다.

수익률이 높은 상품의 편입비율을 다소 높였으므로 원금보전형에 비해 원금손실의 위험이 커지고 유동성도 다소 낮아진다. 따라서 주식형 펀드에 대해서는 단기 투자보다는 4~5년 장기 투자를 권유하고 싶다.

...고수익 추구형

가격변동의 위험을 적극적으로 수용하여 평균 이상의 높은 수익률 달성을 목표로 하는 투자형태이다. 30~40대의 고정수입이 확실한 투자자에게 권유하고 싶다.

이자·배당수입은 그다지 고려하지 않고 펀드의 시세상승 차익을 수익의 중심으로 생각하기 때문에 투자 타이밍을 잘 포착해야 하며, 만약 실기했을 경우에는 4~5년간 장기 투자를 생각해야 투자이익을 얻을 수 있다. 이 경우에도 주식형에 치중하지 말고 실물자산형에 분산하여 투자하는 것이 현명하다.

펀드 투자의 타이밍

모든 일에 적절한 시기가 있듯이 투자에도 적당한 때가 있다. 흔히들 주식투자에서는 매매 타이밍 포착이 가장 중요하다고 한다. 이는 펀드 투자에도 마찬가지로 적용된다. 어느 시점에 펀드에 가입했는가에 따라 만기 때 수익률이 달라지기 때문이다.

주식형 펀드의 경우를 생각해보자. 주식형 펀드는 그야말로 주식에 투자해서 수익을 추구하는 펀드이다. 따라서 가입한 후 주가가 올라가면 펀드 수익이 많아진다. 그러면 언제 가입해야 하나? 주식시장이 바닥일 때 가입해서 주식시장이 천장에 도달할 때 매도하면 된다.

그러나 도대체 바닥권이 언제이고 천장권이 언제인지 정확하게 알 수가 없다. 많은 주식 전문가들이 주간, 월간, 분기, 반기, 연간 주식시장 전망을 내놓고 있지만 어느 누구도 시장흐름을 정확하게 예측할 수는 없다. 이런 상황에서 초보 투자자가 펀드 가입시기를 결정하는 것은 쉬운 일이 아니다. 하지만 너무 비관할 필요는 없다.

전문가들이 비록 정확하지는 않지만 비슷하게나마 향후 시장을 예측하기는 한다. 많은 주식 전문가들의 견해를 비교하다 보면 향후 주식시장의 방향을 가늠할 수는 있다.

그러면 향후 주식가격이 오를 것으로 기대할 만한 시점을 포착하기 위해 중요한 것은 무엇일까? 경제전망도 중요하고 기업 수익 전망도 중요하며, 해외시장 전망도 살펴봐야 함은 물론이다. 그러나 이러한 모든 전망을 고려하기가 어렵다면 시장 주변의 정황이 어떠한지 살펴보는 것이 때론 큰 도움이 된다.

영화관에 가보면 인기 있는 영화표를 예매하기가 하늘의 별따기이다. 인터넷으로 예매하고 싶어도 원하는 날짜와 시간을 맞추기가 쉽지 않다. 얼마 전 〈태극기 휘날리며〉라는 영화를 힘들게 예매해서 본 적이 있다. 지금은 언제라도 그 영화를 쉽게 볼 수 있다고 한다. 차라리 지금 봤으면 그런 고생은 안 해도 됐을 텐데 후회가 된다.

주식투자도 이와 다르지 않다. 증권회사 객장이 온통 주식투자하는 사람들로 가득하다면 고생스럽게 영화표를 예매해서 영화를 본 것처럼 주식을 비싼 값에 매입하고 정작 수익은 내지 못하는 경우가 생기기 쉽다.

지난 해 국회의 탄핵 여파로 시장이 급락한 적이 있었다. 그날 시장의 분위기는 일순간 공포와 비관으로 얼룩졌다. 국회의 탄핵 결정을 놓고 어떤 사람은 주식을 매도했고 또 어떤 사람은 오히려 싼 값에 주식을 매수했다. 당시 주식을 매도한 사람이나 매수한 사람이나 모두 나름대로 최선의 결정이었다. 하지만 결과적으로는 주식을 매수한 사람이 수익을 냈다. 이는 공포와 비관을 극복한 대가라고 할 수 있다.

간접투자도 이와 마찬가지이다. 시장이 하락해서 많은 사람들이 시장을 비관적으로 생각할 때가 주식형 펀드에 가입할 호기일 수 있다. 초보 투자자는 시장이 하락할 때 불안감을 느끼지만 전문 투자자는 이럴 때를 매수기회로 삼는다. 적절한 투자 타이밍은 사람들이 시장에 대해 불안감을 느끼고 있을 때 찾아오게 마련이다.

어떠한 펀드에 투자하는 것이 유리한지 알기 위해서는 현재의 경제상황을 체크해야 한다. 전문가들의 말을 참고로 하여 경기순환 주기를 그려 현재의 위치를 표시해볼 수도 있다.

주식형 상품은 항상 시장이 침체되어 있을 때가 투자 적기이다. 대부분의 투자자들은 증권시장이 호황일 때 고가에 주식을 사서 물려 있는 경우가 많다.

또한 투자시점의 경기상황에서 어느 종류의 유가증권에 투자할 것인가도 결정해야 한다. 일반적으로 경기가 상승할 것으로 예상되면 주식형이 유리하고, 경기가 하락할 것으로 예상되면 채권형이 상대적으로 유리하다. 동일한 채권형 펀드라도 금리상승이 예상되면 단기형 펀드에, 금리하락이 예상되면 장기형 펀드에 투자하는 것이 현명하다.

또한 경기를 정확하게 알아맞힌다는 것은 쉬운 일이 아니므로 투자금액을 3등분하여 투자시기를 분산하는 것도 권장할 만하다. 투자기간도 가능한 한 경기순환 주기와 일치시키는 것이 바람직하다. 우리나라의 경기순환 주기는 평균 50~55개월 정도(경기확장기 34개월, 경기수축기 18.8개월)이므로 4년 내지 5년 정도의 장기 투자를 권하고 싶다.

투자 펀드의 유형을 결정하는 방법

우리 주식시장은 지난 20년간 주가지수 500포인트와 1,000포인트 사이에서 상승과 하락을 반복해왔다. 지난 9·11테러 사태 때나 SK글로벌 사태 때는 바닥이었고, 최근에는 940포인트일 때가 정점이었다.

이를 토대로 우리는 지수가 어느 정도이면 주식형 투자의 적기가 될 수 있을지 예측할 수 있다. 그러나 어느 정도까지 오르고 어느 정도까지 내릴지 정확한 지수대는 누구도 알 수 없다.

사실 현 시점의 주식시장은 수급이 깨진데다 향후 시장전망도 낙관할 수 없는 상황이다. 그러나 장기 투자를 선호하는 투자자라면 어느 정도(10%) 하락할 때 단계적으로 분산하여 주식 관련 펀드에 투자하는 것이 꽤 괜찮은 투자결정이라고 생각한다.

간접투자는 펀드 투자를 뜻하며 주식형 펀드와 채권형 펀드가 대표적이다. 지금까지 투자자들은 자신의 투자성향에 맞춰 주식형 펀

피터 린치의 칵테일 이론

90억 달러에 이르는 마젤란 펀드의 펀드매니저였던 피터 린치는 10년간 100만 명의 고객에게 25배의 수익률을 올려줌으로써 월가의 전설적인 영웅이 되었다. 그는 칵테일 파티에서 주식에 대해 주고받는 이야기에 귀를 기울인 결과 얻은 칵테일 이론으로 주식투자의 성공 원리를 설명하고 있다.

첫째 단계는 주가가 상승으로 반전하는 단계로, 사람들은 주식 이야기만 나오면 화제를 다른 곳으로 돌리는 시기이다. 주식에 전혀 관심을 보이지 않는 이 시기가 주가의 바닥 시점이다.

둘째 단계는 주식이 얼마나 위험한가에 대해 잠시 이야기를 나누다가 화제를 다른 문제로 돌리는 단계로, 주가가 15% 정도 상승한 시점이다.

셋째 단계는 어떤 주식을 얼마나 사야 할지 등 주식이 자주 화젯거리로 등장하는 단계로, 주가가 이미 30% 이상 올라 있을 때이다.

넷째 단계는 누가 추천한 종목이 이미 상당 폭 올랐고 특정 종목을 매입했더라면 엄청난 수익을 얻을 수 있었는데 하며 아쉬워하는 단계로, 주가는 이미 최고점에 올라와 있는 때이다.

피터 린치의 칵테일 이론은 이처럼 주식투자의 적기를 설명해주는 이론으로, 펀드 투자시기를 선택할 때도 그대로 적용할 수 있을 것이다.

드 또는 채권형 펀드에 투자하는 것이 전부였다.

그런데 2004년 4월부터 자산운용업법이 시행되면서 주식형 펀드나 채권형 펀드 이외에 다양한 펀드들이 새롭게 소개되고 있다. 이로써 기존 주식과 채권, 장내 파생상품은 물론이고 금과 원유 등 원자재, 부동산, 엔터테인먼트 사업 등 거의 모든 상품에 투자할 수 있게 되었다.

최근에는 사람들이 부동산 등 실물자산 투자에 관심이 많다. 하지만 투자과정이 어려운데다 보통 거액의 자금이 필요하기 때문에 막상 투자하기는 쉽지 않다.

실물자산 투자 펀드는 일정 부분 이러한 투자수요를 충족시킬 수 있는데다 소액의 자금으로도 투자가 가능하다는 장점이 있다. 또한 주식이나 채권시세와 관계없이 운용되기 때문에 현재와 같은 시장불안기에는 하나의 대안투자가 될 수 있다. 따라서 판매회사를 통해 부동산 펀드, 유가연동 펀드, 영화 펀드 등이 판매됐거나 현재 판매 중이다.

자산운용업법이 시행되면서 투자자들에게는 다양한 수익창출 기회가 생겼다. 부동산에 투자할 수 있고, 유가 등 원자재에도 투자할 수 있게 된 것이다.

그러나 이런 펀드들도 모두 실적배당형 펀드인 만큼 투자 결과에 대한 책임은 투자자에게 있다. 각자의 투자성향에 따라 펀드 선택이 가능해졌지만 부담해야 할 투자위험도 그만큼 다양해지고 있다는 사실을 인식해야 한다.

　자신의 투자성향과 경제상황을 파악한 후 구체적으로 펀드를 선정할 경우에는 과거에 어떠한 펀드의 운용실적이 좋았는지를 먼저 알아보아야 한다. 그러기 위해서는 펀드 평가회사의 홈페이지를 찾아보는 것이 가장 빠른 방법이다. 국내에는 한국 펀드평가, 제로인 펀드닥터, 모닝스타 코리아 등이 있다.

　펀드 평가회사는 동종 유형의 펀드 중에서 성과가 우수한 펀드를 평가사별로 다양한 방법으로 표시하고 있다. 한국 펀드평가주식회사는 동종 유형의 펀드 중 상위 몇 %에 해당하는지 표시하고 있으며, 모닝스타 코리아는 별 모양(최대 5개)으로 펀드의 등급을 표시하고 있다.

　그러나 어떠한 펀드의 운용성과가 과거에 우수했다 하더라도 앞으로도 성과가 우수하리라는 보장은 없다. 그 회사의 투자방침과 그때의 시장상황이 비교적 잘 들어맞았기 때문일 수도 있으므로 지속적으로 성과가 우수할 것이라고는 장담할 수 없다.

　일반적으로 5년 정도 꾸준하게 수익률이 양호한 펀드여야 신뢰할 만하며, 펀드매니저 또한 5년 정도의 운용능력을 체크해보아야 한다. 특히 5년간의 성과를 알아보는 것은 경기의 단기 순환주기가 5년이기 때문이다.

어떤 펀드매니저가 우수한가

동일한 유형의 펀드라도 운용하는 펀드매니저에 따라 수익률의 차이가 크게 나타난다. 월가의 전설적인 영웅이라 불리는 피터 린치는 1977년 마젤란 펀드의 운용 책임자가 되어 종목발굴에 탁월한 능력을 보이면서 높은 수익률을 기록했다.

그는 주식투자에는 전문가가 없고 일반투자자라도 두뇌의 3%만 사용한다면 월스트리트의 전문가보다 더 높은 수익률을 올릴 수 있다고 말했다. 그가 운용을 맡은 13년간 27배의 수익을 올리며 단 한해도 손실을 보지 않았다는 사실은 그의 능력을 입증하기에 충분한 근거가 된다. 이것은 펀드 운용에 있어서 펀드매니저의 역량이 얼마나 중요한지를 보여주는 단적인 사례이다.

이처럼 펀드매니저의 능력은 펀드 성과에 지대한 영향을 미치므로 펀드를 고르는 것보다 펀드매니저를 고르는 것이 더욱 중요하다고 할 수 있다. 각 펀드의 투자설명서를 보면 펀드의 운용방침과 함께 펀드매니저의 이력과 주요 운용경력이 나와 있으므로 이를 반드시 확인한다.

첫째, 펀드매니저의 운용철학과 운용 스타일을 보아야 한다. 펀드매니저는 시황의 변동에 따라 보유자산의 매매에 관한 주요 의사결정을 계속 해나간다. 이들은 종목개발을 위해 기업 현장을 방문하기도 하고 최고경영자를 직접 면담하기도 하여 주식에 대한 매매 여부를 결정한다.

따라서 펀드매니저의 운용철학과 운용 스타일, 그리고 개인적인 가치관과 경험 등도 운용성과에 중요한 영향을 미친다.

또한 펀드매니저에 따라 시장 대응방법도 각양각색이다. 확실한 운용철학을 가진 펀드매니저는 펀드 운용에 있어서 일정한 성향을 나타낸다. 노련한 펀드매니저라면 운용시점부터 그 펀드의 운명을 어느 정도 예상할 수 있어야 한다.

펀드매니저는 개인적인 학력과 능력도 중요하지만 구체적으로 설명할 수 없는 직관력이라는 것이 있다. 그것은 펀드매니저의 오랜 경험과 개인적인 역량에서 우러나오는 그 무엇이라고 할 수 있다. 일반적으로 공격적 스타일의 펀드매니저는 주가상승기에, 방어적 스타일의 펀드매니저는 주가하락기에 운용성과가 보다 우수한 경향이 있다.

둘째, 펀드매니저의 과거 운용성과를 보아야 한다. 어떤 사람에 대해 알아보기 위해서는 그가 걸어온 길을 살펴보는 것이 가장 보편적인 방법이다. 최근에는 펀드매니저 개인보다 팀별 운용 또는 시스템 운용이 관심을 끌고 있으나, 펀드매니저의 중요성이 펀드 운용에 절대적인 영향을 미치는 것은 사실이다.

자산운용업이 발달한 미국이나 영국 등 선진국에는 5년 또는 10년 이상 한 펀드를 운용하는 펀드매니저도 많이 있으며, 이런 경우 그 펀드매니저는 유사한 다른 펀드의 펀드매니저보다는 운용능력이 우수하다고 할 수 있다.

　일반적으로 경기순환 주기를 5년 전후로 볼 때 최소한 이 정도의 기간을 체크하는 것은 당연한 일이라 하겠다. 과거의 운용실적이 미래의 우수한 운용능력을 보증하는 것은 아니지만, 그래도 과거 운용성과는 가장 신뢰성 있는 결정요소가 될 것이다.

　펀드매니저도 개인적인 운용성향에 따라 보수적인 운용 스타일을 가진 펀드매니저와 공격적인 운용 스타일을 가진 펀드매니저가 있다. 따라서 경기순환 주기와 연결시켜보면 주가상승기에 종합주가지수보다 우수한 수익률을 얻는 펀드매니저가 주가하락기에 하락률이 더욱 큰 경우가 많다. 이 펀드매니저는 약간 공격적 성향을 가진 펀드매니저라고 할 수 있다. 따라서 펀드매니저의 운용능력은 적어도 5년 정도의 기간을 검토해보아야 운용성향을 확실히 파악할 수 있다.

　그러나 펀드매니저의 영향이 그다지 크지 않은 펀드도 있다. 주가지수에 연동하는 인덱스 펀드나 차익거래만 이용하는 시스템 펀드는 운용회사의 운용원칙 등 프로그램화된 내용에 따라 달라질 것이므로 운용회사에서 운용한 유사 펀드를 검토하면 잘 알 수 있을 것이다. 이 경우는 펀드매니저에 대한 평가라기보다는 운용회사에 대한 평가라고 할 수 있다.

펀드에 가입하기 전에 투자신탁설명서를 검토하자

펀드에 가입하여 수익증권을 보유한 투자자는 운용회사(판매회사)에 대해 펀드 운용 관련 신탁자산의 장부 및 서류의 열람 등을 청구할 수 있다.

구체적인 서류로는 신탁재산명세서, 수익증권 기준가격대장, 재무제표 및 그 부속명세서, 유가증권 매매거래 내역서 등이 있다. 뿐만 아니라 운용회사는 판매회사를 통하여 수익증권을 판매할 때 투자자에게 투자신탁설명서(간이 투자신탁설명서)를 교부해야 하며, 운용하고 있는 펀드의 운용사항에 대해 신탁재산 운용보고서를 작성하여 투자자에게 교부해야 한다.

펀드 투자에 앞서 그 펀드의 성격을 알기 위해서는 투자신탁설명서를 잘 살펴보아야 한다. 판매회사는 펀드의 판매를 권유할 때 반드시 투자신탁설명서를 제시하도록 되어 있다.

투자신탁설명서에는 펀드에 관한 중요한 사항이 기재되어 있으므로 그 내용을 자세히 살펴보아야 한다. 여기서 자산운용협회가 제시한 투자신탁설명서 보는 법을 소개하겠다.

- **상품 유형** : 상품 유형은 추가형으로 표시하고 있다. 추가형 펀드란 펀드가 설정된 후에도 추가로 펀드를 구입할 수 있는 펀드이다. 반면에 한 번 설정된 후에는 추가구입이 불가능한 펀드를

○○주식형 투자신탁

구 분	주요 내용
상품의 특징	투자기간 3년 정도의 주식형 펀드
상품 유형	추가형
신탁기간	투자신탁 최초 설정일로부터 투자신탁 계약 해지일까지
회계기간	투자신탁 최초 설정일로부터 매 1년
신탁재산의 운용	주식, 장외주식 : 20~80%(장외주식 30% 이내) 채권, 수익증권, 유동성 자산 : 20~80%(전환사채 30% 이내) 유동성 자산에 CP 등은 신용등급 B- 이상 투자
파생상품 운용	순자산총액의 100% 이내 주가지수 선물, 옵션 및 금리 선물거래
수익증권 환매	환매 요청이 있을 때 위탁회사는 제3영업일의 기준가격을 적용한 금액을 신탁재산의 일부를 해지한 자금으로 제4영업일에 지급한다.
환매수수료	수익증권 보유기간 이익금 범위 내에서 90일 미만은 이익금의 90%, 180일 미만은 이익금의 80%를 신탁재산에 편입한다.
신탁보수	운용회사 10.0/1,000 판매회사 : 21.5/1,000 수탁회사 0.5/1,000
보수 계산	투자신탁 설정일로부터 매 3월

  단위형 펀드라고 한다. 또한 펀드의 제목이 '○○주식 투자신탁' 임을 보면 주식형 펀드임을 알 수 있다.

 • **신탁기간** : 신탁기간이란 펀드가 설정된 후 펀드가 없어지기까지의 존속기간을 말한다. 일반적으로 단위형인 경우 1년, 2년 등 구체적으로 기간이 명시되지만 추가형은 '최초 설정일로부

터 최종 해지일까지'라는 말로 다소 애매하게 표시되어 있다. 즉 펀드 가입자가 전체를 해지하여 펀드를 존속시킬 수 없을 때까지 계속하겠다는 뜻으로 해석할 수 있다.

- **회계기간** : 회계기간은 결산기간이라고도 하는데 이 말은 펀드를 1년마다 재투자한다는 뜻이다. 재투자란 기준가격을 다시 1,000원으로 재조정한다는 말이다. 이때 기준가격이 증가한 비율만큼 보유 수익증권의 수가 증가한다.
- **신탁재산의 운용** : 신탁재산의 운용은 자산운용의 기본 방침을 정한 것이다. 주식 또는 채권 등의 운용 상한선을 제시하고, 시장상황에 따라 주식, 채권, 유동성 자산 및 파생상품에 대한 투자비율을 조정하면서 운용한다.
- **파생상품의 운용** : 이 항목에서는 파생상품의 투자원칙을 설명한다. 파생상품의 운용목적이 기초자산의 하락위험을 회피하기 위한 것이므로 운용자산의 5% 이내에 투자하는 것이 일반적이다.
- **수익증권 환매** : 수익증권을 환매하여 돈을 찾고자 할 때 환매 청구일부터 제3영업일의 기준가격으로 계산한 금액을 제4영업일에 지급한다. 따라서 돈을 찾고자 할 경우 적어도 3일 전에는 환매신청을 해야 한다.
- **환매수수료** : 이 항목은 환매 제한기간 이내에 환매에 의해 돈을 찾고자 할 경우 얼마의 수수료를 얼마나 부담하는지를 설명해 준다. 여기에서는 90일 이내에 환매할 경우 투자이익의 90%,

180일 이내에 환매할 경우 투자이익의 80%를 신탁재산에 반환해야 한다는 말이다. 이 금액은 잔여 펀드에 귀속되므로 잔여 투자자가 유리하다. 이 환매수수료를 부담하지 않으려면 펀드에 가입할 때 자신의 자금 운용기간에 적합한 상품을 선정해야 한다.

- **신탁보수** : 이 항목은 고객의 자산을 운용해주는 대가로 운용기관이 받는 보수를 명시한다. 운용회사 보수는 운용회사, 수탁회사 보수는 자산을 보관·관리해주는 은행, 그리고 판매회사 보수는 수익증권을 고객에게 판매하는 증권회사 또는 판매은행이 받게 된다. 수익증권의 기준가격은 이 수수료를 공제하고 계산한 가격이다.

펀드 가입 후에는 운용상황을 확인하자

펀드 투자자들이 자신이 가입한 펀드의 운용현황과 관련 공시 내용을 인터넷으로 쉽게 확인할 수 있게 되었다. 자산운용협회는 지금까지 서류 형태로 접수해온 각종 공시사항을 인터넷으로 받는 '인터넷 공시자료 입수 시스템'을 개통했다.

이 시스템을 통해 조회할 수 있는 공시는 자산운용사의 경영공시, 펀드 영업보고서 등과 새로 시행된 자산운용업법에 의해 추가된 운용사 경영 수시공시, 펀드 수시공시 등이다. 펀드 투자자들은 이러한 공시 내용을 자산운용협회 홈페이지(www.amak.or.kr)의 '공시자료실' 란을 통해 인터넷으로 확인할 수 있다.

펀드에 가입한 투자자는 운용회사가 작성한 해당 펀드의 운용상황 내역을 작성한 '신탁재산 운용보고서'를 판매회사를 통하여 6개월에 1회씩 받는다.

펀드를 환매할 때 유의할 점

펀드를 환매할 때 몇 가지 유의해야 할 점이 있다. 중도 환매수수료와 세금, 그리고 돈을 받는 날을 확인해야 한다.

첫째, 중도 환매수수료 부담 여부를 반드시 확인해야 한다. 중도 환매수수료는 펀드 약관에 보통 '90일 미만 환매시 이익금의 70%' 등으로 표시되어 있다.

만일 90일 미만일 때 중도 환매수수료가 부과된다면 채권형은 기준가 적용일이 돈 지급일과 같기 때문에 90일째 되는 날이 돈 지급일이 되어도 중도 환매수수료가 없다. 하지만 주식형과 혼합형은 기준가 적용일과 돈 받는 날이 다르므로 돈 받는 날로 계산해 환매신청을 하면 하루 차이로 이익금 중 많은 부분을 중도 환매수수료로 부담하게 된다.

둘째, 세금이 어느 정도 부과되는지 확인해야 한다.

세금부과 기준이 되는 과표는 이익금이 아니다. 펀드의 세금은 기준가와 별도로 나오는 과표 기준가에 따라 부과된다. 해당 펀드에 이익이 났는지 손실이 났는지는 중요하지 않다. 입금할 때 과표 기준가와 출금할 때 과표 기준가가 얼마나 차이 나느냐에 따라 세금이 부과된다.

이자소득과 배당소득은 과표 기준가의 대상이지만 주식 매매손익 또는 평가손익은 제외된다. 따라서 MMF나 채권형은 일반적으로 기준가와 과표 기준가가 비슷하지만 주식형과 혼합형은 다를 수 있다.

과표는 출금할 때 과표 기준가에서 입금할 때 과표 기준가를 빼고 출금좌수를 곱해 1,000으로 나눠 계산한다. 여기에 세율을 곱하면 세금이 나온다.

셋째, 돈 받는 날을 확인해야 한다.

보통 은행 예금이나 적금은 당일 해약하면 돈을 바로 찾을 수 있지만 펀드는 신청한 날과 돈을 받는 날이 다를 수 있다. 이에 관한 사항은 약관이나 투자설명서에 표시되어 있다. 돈을 언제 쓸지를 생각하고 잘 계산해 환매신청을 해야 한다.

펀드 유형별로 환매 신청일과 실제 지급일은 다음 표와 같다.

펀드 구분	신청일	기준가 적용일	지급일	소요일수
MMF	1영업일	1영업일	1영업일	당일
채권형	1영업일	3영업일	3영업일	2일
혼합형	1영업일	3영업일	4영업일	3일
주식형	1영업일	3영업일	4영업일	3일

원금보존 펀드에는 함정이 있다

'원금보장'과 '원금보존'의 차이는 무엇인가? '원금보장'에는 고객이 맡긴 투자원금을 지켜야 할 의무가 있지만 '원금보존'에는 원금을 맞추도록 노력하지만 못 맞추더라도 책임이 없다는 뜻이다.

예를 들어 은행의 정기예금이나 주가연계 예금(ELD)이 원금보장형 상품이라면 증권사의 주가연계 증권(ELS)과 투신권의 ELS 펀드(ELF)는 원금보존형 또는 원금보존 추구형 상품이라고 볼 수 있다. 바꿔 말하면 ELS와 ELS 펀드 둘 다 원금손실의 가능성이 있다는 뜻이다.

최근 K자산운용의 ELS 펀드가 원금손실을 입어 고객과 분쟁이 발생한 적이 있다. 그 동안 'ELS 펀드=원금보장'이라고 착각했던 투자자들은 뒤통수를 맞은 기분이었을 것이다. 하지만 ELS 펀드는 다른 펀드처럼 실적배당 상품이기 때문에 손실분은 당연히 투자자의 책임이다.

ELS 펀드는 일반적으로 투자금액의 상당 부분을 채권으로 운용하고 채권투자에서 발생하는 이자수익 내에서 증권사가 발행하는 워런트(장외 파생상품)에 투자한다. 이에 따라 투자한 채권이 부도나거나 워런트를 발행한 증권사가 부도나는 등 극히 일부 경우를 제외하고는 원금이 보존되는 구조이다.

그런데 채권이나 증권사에서 부도가 난 것도 아닌데 K자산운용 ELS 펀드는 어떻게 원금을 날렸을까? 이유는 엉뚱하게도 워런트 가격 계산에서 오류가 생겼기 때문이라고 회사측은 밝혔다. 이에 따라 워런트를 발행한 H증권과 이 워런트를 편입해 운용한 K운용사 간에 책임공방이 불거지고 있다. 또 운용사측은 펀드 손실분을 고유자산으로 슬쩍 메운 사실이 드러나 금융감독 당국이 조사에 들어갔다.

이번 사례를 보면서 과거 투신권 고객들의 대우채 환매사태가 새삼스레 떠오른다. 투신권 상품을 예금으로 착각하고 원금보장을 해달라며 요구하던 고객들이 기억날 것이다.

투자자를 혼란스럽게 만든 것은 당시 판매회사인 투신사, 증권사뿐만 아니라 관계 당국도 일조를 한 것이 사실이다. 저축형 상품인 것처럼 판매하는 것을 허용했기 때문이다. 이때 운용사들은 마치 원금을 100% 보장할 것처럼 선전하여 펀드를 판매한 후 손실이 나자 서둘러 실적배당 상품임을 강조했다.

이 사건은 채권의 시가평가제도가 서둘러 도입되는 계기가 되었다. 금융기관이 고객에게 사실 그대로 투명하게 설명하는 풍토가 하루빨리 오기를 기대해본다.

해외 펀드는 어떻게 고르나

자본시장이 완전히 개방된 이 시점에서 우리는 국내 투자뿐만 아니라 해외 시장에도 눈을 돌려야 한다. '한국 시장에도 유망한 투자 대상이 많은데 왜 외국 시장에 투자하는가? 해외 투자는 너무 어렵다'라고 생각하는 사람들이 의외로 많다. 그러나 절대로 그렇지 않다고 말하고 싶다.

왜냐하면 투자의 원리란 국내외를 불문하고 동일하기 때문이다. 단지 투자대상 국가의 제반 경제상황에 따른 차이가 있을 뿐이다. 무수한 투자대상 자산과 대상국가 가운데 우수한 투자대상 자산을 국내에서 찾는 것보다 넓은 세계로 눈을 돌리는 것이 낫지 않겠는가.

일반적으로 해외 펀드 투자는 두 가지 형태로 구분된다. 하나는 해외 운용회사의 펀드를 직접 들여와서 판매하는 형태인 해외 투신 펀드이며 다른 하나는 국내 운용회사가 해외투자를 위해 설정한 해외투자 펀드이다.

해외투자 펀드는 대부분 국내 운용회사가 투자자로부터 모은 자금으로 펀드를 설정한 후 외국 펀드에 다시 투자하는 펀드 오브 펀드의 형태를 취하고 있다. 그 이유는 국내 운용회사가 외국의 주식이나 채권 등에 관한 정보를 얻어 투자하기가 어려우므로 우수한 해외 펀드를 선정하여 투자하는 것이다.

투자자의 입장에서 본 두 펀드의 차이는 환율변동 위험의 처리과정에 있다. 해외 투신 펀드는 기존의 펀드 투자위험에 환율변동에 대한 위험이 추가된다. 투자부분에 대한 운용수익률이 아무리 높아도 환율이 큰 폭으로 떨어진다면 손실이 발생할 수밖에 없다.

따라서 투자자가 직접 선물환 계약을 하여 환율변동 위험을 없애야 하며, 특별 판매기간에는 판매회사인 은행이나 증권회사가 투자자를 대신하여 선물환 계약을 해주기도 한다.

그러나 해외투자 펀드는 국내 운용회사가 원·달러 통화선물 등을 통하여 환율변동 위험을 헤지하고 있다. 기본적으로 외국 투신 펀드는 상대적으로 높은 위험을 부담하더라도 고수익을 추구하며, 국내 운용회사의 해외투자 펀드는 안정성에 초점을 맞추어 운용하는 경향이 있다.

해외투자 펀드도 국내 투자 펀드와 마찬가지로 먼저 투자대상 자산의 기대수익률과 자산가치의 변동성(위험)을 미리 정해야 한다. 투자대상 자산의 기대수익률은 과거 5년 정도의 평균 수익률(12~15%)을 보면 알 수 있을 것이다. 그리고 투자위험은 경기순환 주기를 5년으로 본다면 경기순환의 1주기를 회전하므로 가격의 상한치와 하한치를 예측할 수 있을 것이다.

여기에서 우리는 목표수익률을 정할 수 있다. 물론 목표수익률을 높게 잡고 싶은 것이 일반투자자의 욕망일 것이다. 그러나 과거 평균치를 참작하고 자신의 리스크 허용치를 감안하여 결정해야 한다. '무릎에서 사고 어깨에서 팔라'는 투자 격언을 생각할 필요가 있다.

또한 직접투자를 하기 위해 어떠한 판매회사가 유리할 것인가? 먼저 여러 가지 다양한 해외 펀드를 취급하고 있는 금융기관을 찾는 것이 중요하다. 금융기관의 영업담당자는 계열회사에서 취급하고 있는 상품을 추천하는 것이 일반적이다. 적어도 여러 운용회사의 비슷한 유형의 펀드를 3~4종류 이상 보유하고 있어 그 중에서 선택할 수 있어야 한다.

그리고 국가별·상품별·산업별로 분산투자를 권하고 싶다. 주식투자를 할 때도 다양하게 포트폴리오를 구성해야 투자에 따른 위험을 회피할 수 있는 것과 마찬가지 원리이다.

구체적인 예를 들면 계획하고 있는 해외 펀드 투자자산의 20% 이내를 약간의 위험이 수반되더라도 고수익이 기대되는 BRICs 펀드(브라질, 러시아, 인도, 중국)에 가입할 수 있다. 그 다음 이보다 수익은 조금 낮더라도 안정성이 있는 지역형 펀드(아시아 펀드, 유럽 펀드, 라틴아메리카 펀드)에 30% 이내를 가입할 수 있다. 마지막으로 나머지 50% 정도를 전 세계 시장을 대상으로 하는 글로벌 펀드에 가입하는 게 좋을 것이다.

이렇게 투자하면 시간이 지남에 따라 펀드간 수익률이 벌어질 수도 있을 것이다. 그러나 처음에 계획한 것을 변경하지 않는 것이 좋다. 일반투자자는 위험이 닥치면 이를 회피하려는 본능이 작용하여 처음의 계획을 잊어버리는 경향이 있다.

　국가별 포트폴리오를 구성해도 투자자산이나 투자업종별 포트폴리오를 구성하지 않으면 그 성과가 부진할 것이다. 이렇게 국가별·상품별·산업별로 분산투자를 하면 환율이나 금리차이에 의한 위험도 회피할 수 있을 것이다.

5장

이럴 때는 이런 펀드에 투자하라

상황에 따른 펀드 투자

증권시장이 방향성을 찾지 못하고 등락만 거듭할 경우 적절한 종목을 선택하여 수익을 올리기란 무척이나 어렵다. 특히 차익매매를 즐기는 외국인 투자자와 기관투자가에 의한 선물가격 왜곡으로 인한 프로그램 매매가 유발되어 주가의 방향을 잡기가 더욱 어려워지고 있다.

이러한 시장상황의 변화에 따라 선정하는 펀드의 유형이 달라진다. 여기서 우리는 어떠한 경제상황에서 어느 펀드가 유리한지 생각해보자.

시장변화에 신속히 대응하고자 할 때 : 엄브렐러 펀드

엄브렐러 펀드(Umbrella Fund)는 하나의 모펀드 아래 여러 종류의 하위 펀드가 있어서 투자자가 시장상황에 따라 다른 하위 펀드로 자유롭게 전환할 수 있는 펀드이다. 하나의 약관 아래 여러 개의 하위 펀드가 있는 모양이 마치 우산과 같다고 해서 붙여진 이름이다.

이 펀드는 시장상황의 변화를 신속하게 읽을 수 있는 투자자가 그 변화에 보다 유리한 하위 펀드로 신속하게 교체할 수 있어야 높은 수익률을 얻을 수 있다.

엄브렐러 펀드의 하위 펀드로는 증권회사별로 차이가 있을 수 있지만, 일반적으로 머니마 펀드(MMF), 공사채 수익증권, 안정형 수익증권, 성장형 수익증권, 정보통신 펀드, 코스닥 전용 펀드, 공모주 전용 펀드 등 7가지를 편입할 수 있으나, 스팟 펀드, 단위형 펀드, 해외투자 펀드 등은 편입할 수 없다.

기존의 수익증권은 한 번 가입한 후에 다른 상품으로 전환하려면 투자수익의 70~90%를 환매수수료를 부담해야 하고, 가입한 상품을 중도에 해약해야 했다.

하지만 이 펀드는 별도의 수수료나 가입기간에 관계없이 전환수수료(1%)만 내면 연 12회까지 전환이 가능하며, 1년 이상 가입할 때는 세금우대 종합저축의 한도 내에서 세금우대(10.5%) 적용이 가능한 상품이다. 또한 전환 청구의 취소는 전환 청구일 당일에만 가능하다.

　엄브렐러 펀드를 이용할 때 가장 중요한 점은 전환시점의 선택이다. 시장상황을 정확하게 포착하여 전환권을 행사하면 높은 수익을 얻을 수 있지만, 반대의 경우에는 오히려 손실이 발생할 수 있다.

　예를 들면 주가상승이 예상될 때는 주식형(인덱스형)에 투자하여 수익을 올릴 수 있고, 반대로 주가하락이 예상될 때는 수익구조가 종합주가지수 등락과 반대인 리버스 인덱스 펀드(Reverse Index Fund)로 전환하여 수익을 추가로 얻을 수 있다.

　또한 금리가 하락할 것으로 예상될 때는 채권가격의 상승이 예상되므로 채권형 펀드로, 공모주가 유리할 경우 공모주 펀드로 자유롭게 전환할 수 있다. 시장전망이 불투명할 경우에는 하루만 맡겨도 이자가 붙는 MMF나 채권혼합형 펀드로 전환하여 대기하면서 시장을 관망할 수도 있다.

　따라서 이 펀드는 시장의 흐름을 비교적 정확하게 읽을 수 있는 투자자라면 도전해볼 만한 펀드이다. 그리고 어떤 하위 펀드로 전환할 것인가를 미리 검토해놓는 것이 필수이다. 그러나 시장흐름과 엇갈린 판단으로 하위 펀드를 잘못 전환하면 오히려 손실을 입을 수도 있으므로 유의해야 한다. 또한 각 증권회사에 따라 하위 펀드의 유형에 차이가 있으므로 하위 펀드에 대해 미리 자세하게 검토해두어야 한다.

　과거에 나온 유사한 펀드로는 전환형 펀드가 있으나 1회에 한하여

엄브렐러 펀드와 일반 수익증권

구 분		엄브렐러 펀드	일반 수익증권
펀드 구조		펀드 가입 후 다른 펀드 전환 가능	하나의 펀드 가입
신탁 유형		추가형	추가형 또는 단위형
수수료	종류	판매수수료 (가입금액 대비 1~2%)	판매수수료 외 환매시 환매수수료(3개월 이내 70%)
	비용	상대적으로 저렴	상대적으로 높음
투자기간		제한없음	제한없음
투자자세		적극적인 전환자세 요망	

주식형과 채권형 사이에 전환이 가능한 정도였다. 예를 들어 1년 만기 전환형 펀드가 주식운용으로 20%의 목표수익률을 3개월 이내에 달성했을 경우 나머지 9개월은 채권형 펀드로 자동 전환하여 이미 확보한 수익률 20%에 채권수익률이 추가될 수 있도록 한 펀드이다.

이 펀드는 만약 목표수익률을 달성하지 못했을 경우에는 계속해서 주식형으로 그대로 남아 있어야 하는 단점이 있다.

항상 안정적인 수익률을 원할 때 : 시스템형 펀드

시스템형 펀드(Systematic Fund)는 시장상황에 따라 시스템에 의해 기계적으로 운용되는 펀드로서 펀드매니저의 자의적인 시황판단

착오로 인한 손실을 제거할 수 있는 상품이다.

펀드매니저의 독자적인 판단에만 의존할 경우 고점 매수와 저점 매도의 악순환의 위험에 노출되어 있으나 시스템형 펀드는 이러한 리스크를 회피할 수 있다.

예를 들면 주가지수가 일정 수준 계속하여 하락하면 자동주문으로 저가에서 분할매수가 가능하고, 주가가 일정 수준 상승하면 자동주문으로 매도하여 이익을 실현하는 매우 안정적인 운용방법이다.

이 펀드의 장점은 주가가 변동할 때 변동성 매매로 인해 이익을 실현하므로 박스권 장세에서 유리한 반면, 변동성이 작고 주가가 지속적으로 하락하는 경우에는 불리한 단점이 있다.

또한 시스템형 펀드 중에서 위험이 제로에 가까우면서 시중금리 이상의 수익률을 얻을 수 있는 펀드로 프로그램 매매에 의한 차익거래 펀드가 있다.

차익거래란 주가지수 선물의 가격이 만기에는 현물 주가지수와 일치하는 원리를 이용하여 현물지수와 선물지수 간의 차이가 클 때 상대적으로 높은 쪽을 매도하고 낮은 쪽을 매수한 후 만기 때 반대매매를 하면 그 차액만큼의 이익을 얻는 것이다.

이때 현물인 주식은 종합지수를 복제한 인덱스형 펀드로 포트폴리오를 구성하고, 선물은 KOSPI 200 지수 선물을 이용하여 선물과 현물의 차이인 베이시스를 이용해 매매하는 방법이다.

일반적으로 차익거래 펀드는 평상시에 운용자산의 50~60%를 채권, CD, CP 등에 투자하고 나머지는 현금성 자산으로 운용하다가 차익거래 기회가 발생하면 시스템 매매를 실시한다. 이 차익거래 매매는 주가지수의 등락과 관계없이 일정한 수익을 얻을 수 있다.

특히 차익거래는 주가 손실폭이 커지는 장세의 불안정기에 유리하며 위험도 제로에 가깝다. 그러나 주가상승기에는 다른 펀드보다 수익률이 낮은 것이 단점이다.

또한 간접투자 자산의 일부를 증권사가 발행한 주가지수 연계증권(Equity Linked Securities : ELS)에 투자하여 만기 때 또는 투자기간 중에 특정 주가지수의 성과에 연계하여 수익률이 결정되는 상품이다.

최악의 경우에도 원금이 보존될 수 있도록 상품이 설계되어 원금보존형 주가지수 연동형 상품으로 인기를 얻고 있다. ELS와 현물주식의 편입비율에 따라 ELS 채권형, ELS 혼합형, ELS 주식형으로 분류된다. 이 중 ELS 주식형은 현물주식을 많이 편입하여 주가지수가 하락하면 원금이 완전히 보존되지 않는 경우도 있다.

펀드는 기본적으로 어떤 수익률도 보장할 수 없는 실적배당부 상품이다. 운용회사에서 제시하는 연 6~7%의 수익률은 운용목표이지 반드시 달성하는 것은 아니라는 점을 인식해야 한다. 펀드에 가입하면서 연 6~7%의 확정수익이나 원금을 손해보지 않는다는 말을 믿는다면 '믿는 도끼에 발등 찍힐 수도 있다'는 뜻이다.

채권이 아닌 주식에 주로 투자하는 ELS 상품은 구조적으로 주가가 하락할 때 미국의 블랙먼데이의 경우처럼 일시에 주식을 매도하여 증권시장을 불안정하게 만들 위험이 있으며, 장기적으로 자산운용 산업의 토대를 약화시킬 우려도 제기되고 있다. 또한 고도의 전문성이 필요없는 단순한 운용구조를 띠고 있으므로, 이러한 상품이 주류가 될 경우 운용사의 운용능력 발전에 악영향을 줄 수도 있다.

다음은 미국 증권업협회가 제시한 ELS 투자에 대한 6가지 유의사항이다.

첫째, 향후 1~5년 내에 자금이 필요한가. ELS 상품과 같은 원금보존형 상품은 투자자금을 만기 이전에 중도 환매한다면 원금보장 권리를 상실하게 된다. 조기 상환 벌금을 지불해야 하며, 투자한 후 주가가 하락했다면 원금손실을 볼 수도 있다.

둘째, 투자원금으로부터 정기적인 소득을 원하는가. 원금보존형 상품은 어떠한 중간 배당도 없으며 모든 수익금은 재투자하도록 되어 있다. 재투자된 수익금은 원금보존의 대상이 되지 않는다.

셋째, 투자자는 매년 펀드가 보유한 채권의 발생이자에 대해 소득세를 지불해야 한다.

넷째, 특별한 시장상황에서 원금보존형 상품은 주가상승에 따른 잠재적인 이익을 포기하는 경우가 발생할 수 있다. 예를 들어 일정 수익을 확정한 ELS 상품은 추가 주가상승에 따른 이익을 포기해야 한다.

다섯째, 투자원금을 초과하는 이익을 얻지 못할 수도 있다. 이런 경우 무수익 자산과 동일한 성과를 얻게 되는 것이다.

여섯째, 원금보존에 대한 신뢰 수준은 증권사나 운용사의 신용상태와 동일하다. ELS를 발행한 증권사가 만일 부도난다면 원금을 보존할 수 없다.

푼돈으로 목돈을 만들려고 할 때 : 적립식 펀드

"은행에서만 적금을 드나요? 펀드로도 적금을 들어요."

요즘 증권사들의 주력 펀드 상품은 적립식 펀드이다. 적립식 펀드는 목돈으로만 가입하던 기존의 펀드와 달리 은행 정기적금처럼 매달 수만 원 혹은 수십만 원씩 돈을 일정하게 불입하여 주식이나 채권에 투자하는 상품이다.

'이제 펀드에 가입해볼까' 마음먹을 때마다 주가가 이미 크게 올라 투자를 망설이게 되는 경우가 많다. 결국 무모하게 주가를 예측하려 들지 말고 참을 인(忍)자를 가슴에 새기면서 꾸준히 적립하라는 것이다.

주가가 지속적으로 하락한 날에는 동일한 금액으로 더 많은 주식을 살 수 있고 반대로 주가가 오르면 덜 사게 되는, 이른바 '코스트 에버리징(Cost Averaging)' 효과가 발생하게 된다. 따라서 자동적으로 '저점 매수'라는 투자원칙을 따르게 되는 셈이다.

적립식 펀드는 소액 투자자금만으로 '종자돈'을 마련할 수 있다는 장점이 부각되면서 요즘 직장인들 사이에 인기가 많다.

한 증권사에서 매월 100만 원씩 적립식 펀드와 은행 정기예금에 넣는 경우를 비교해보았다. 은행 예금은 3억 원을 만드는 데 14년 3개월, 적립식 펀드는 8년 10개월이 걸렸다. 그러나 이는 지난 3년간 제일 잘 나가는 펀드 수익률을 토대로 산출했다는 점을 감안해야 할 것이다.

적립식 펀드를 판매하는 증권사들은 목돈 만들기를 내걸고 주가 하락 위험은 크게 거론하지 않고 있지만, 적립식 펀드 역시 가입기간 중 주가가 하락하면 원금을 날릴 수도 있다. 이자가 적을 수는 있지만 원금이 보장되는 은행 적금과는 전혀 다른 상품이라는 점을 유념해야 할 것이다.

이러한 적립식 펀드에 가입하기 위해서는 노후자금 마련이나 자녀 학자금 마련 등 자신의 라이프 사이클에 적합한 장기적인 투자목적을 수립하는 것이 중요하다. 그리고 증권회사의 자산관리사(FP)와 상의하여 주식과 같은 위험자산에 집중하기보다는 투자자금에 대한 분산투자가 필요하다.

또한 주가가 하락하더라도 처음의 투자계획을 지켜나가야 한다. 일반적으로 주가가 하락하면 위험을 느껴 처음의 계획을 변경해버리는 경우가 허다하기 때문이다.

적립식 펀드가 최근 인기를 얻고 있는 이유는 다음과 같은 점을 들 수 있다.

첫째, 부가 서비스 추가형이 있다. 기존 적립식 펀드에 목표금액 보장 보험과 상품권 지급 혜택 등을 추가한 펀드이다. 기본적으로 목표금액을 보장하는 상해보험 가입뿐만 아니라, 연령에 따라 질병보험, 사망보험, 유아보험 등을 추가로 가입해준다. 또한 건강검진권이나 문화상품권 지급 등의 혜택이 있는 상품도 있다.

둘째, 엄브렐러형의 적립식 펀드가 있다. 엄브렐러 펀드는 여러 개의 하위 펀드를 두고 있어 시장상황에 따라 펀드간 전환이 별도의 전환수수료 없이 가능하다. 하위 펀드로는 증권사마다 차이는 있지만 주식형, 채권형, 혼합형 등 7개 이내의 펀드가 있다.

셋째, 테마형 적립식 펀드이다. 이는 엄브렐러형 적립식 펀드와는 달리 전환은 불가능하지만 새로 불입하는 자금은 시황에 따라 적절한 하위 펀드를 자유롭게 선택할 수 있다. 하위 펀드는 인덱스 펀드, 리버스인덱스 펀드, MMF로 구성되기도 하고, 주식의 비율에 차이를 둔 성장형, 안정성장형, 안정형으로 구분하기도 한다.

넷째, 무주택자의 장기주택마련 저축형 펀드를 권할 만하다. 이 상품은 이자소득세가 면제되고 연말정산 때 적립금액의 40%(300만 원 한도)에 대해 소득공제를 받을 수 있다. 만 18세 이상의 무주택자나 전용면적 85㎡(25.7평) 이하의 1주택을 소유한 세대주면 가입할 수 있고 저축기간은 7년 이상이다.

위험부담이 있더라도 높은 수익을 원할 때 : 후순위채 펀드

후순위담보채(Collateralized Bond Obilization : CBO) 펀드는 채권형 수익증권의 일종으로 은행이나 투자신탁 운용회사들이 보유하고 있는 투기등급의 부실채권을 모아서 이를 담보로 발행한 채권담보부증권(CBO) 가운데 후순위 채권에 투자하는 펀드이다.

이 펀드는 금융권의 부실채권 유동성 제고를 위해 발행하는 후순위채 소화용으로 개발된 펀드로서 하이일드 펀드(High Yield Fund)와 유사한 상품이다.

후순위 채권이란 채권 발행기업이 도산할 경우 사채의 변제순위에 있어서 담보부사채나 무담보사채, 기타 은행 대출채권 등의 일반 사채보다는 뒤지지만 우선주나 보통주보다는 우선하는 채권을 말한다. 다른 채권보다는 변제순위가 늦기 때문에 기업의 신용등급이 극히 우수한 경우에만 발행할 수 있다.

특히 중간 변제를 요청할 수 없고 상환기간이 5년 이상이기 때문에 발행금액의 50%를 자기 자본으로 인정해준다. 이 후순위 채권은 발행기업의 자산과 수익에 대해 청구권이 약한 대신 투자자에게 높은 표면금리를 보장하는 것이 특징이다.

CBO 펀드는 하이일드 펀드와 마찬가지로 신용등급 BB+ 이하의 채권, B+ 이하 기업 어음(CP)에 신탁재산의 50% 이상을 투자해야 한다.

또한 CBO 펀드는 하이일드 펀드와 마찬가지로 기업공개시 전체 공개물량의 40%의 공모주와 60%의 실권주를 각각 배정받을 수 있고, 코스닥 등록 공모주 청약 때는 전체 등록물량의 50%를 배정받을 수 있다. 이와 함께 이자소득세를 2,000만 원 한도에서 50%를 감면받는 혜택도 주어진다.

하이일드 펀드

하이일드 펀드(High Yield Fund)란 고수익을 얻기 위해 신용등급이 낮은 채권에 집중 투자하는 펀드이다. 이 펀드는 1999년 대우 사태 이후 투기등급 채권시장의 수요확대를 통하여 금융시장의 안정을 지원하고자 허용된 상품이다.

운용자산의 50% 이상을 신용등급 BB+ 이하의 회사채와 B+ 이하의 기업 어음 등 투기등급에 투자하기 때문에 투기등급 펀드, 정크본드 펀드, 고수익·고위험 펀드라고도 한다.

이 펀드는 투기등급의 채권에 투자하기 때문에 투자위험이 큰 반면 원금손실의 일부 보전, 세금우대 적용, 공모주의 우선배정 등의 혜택이 주어지고 있다. 그러나 이후 CBO의 발행, 뉴 하이일드 허용 등으로 그 종류가 다양해지면서 처음 도입 당시와 비교해 상품 내용이 변경되었다.

CBO 펀드와 하이일드 펀드의 비교

구 분	CBO 펀드	하이일드 펀드
신탁재산 운용	• BB+ 이하 채권, B+ 이하 기업 어음에 50% 이상 투자	• BB+ 이하 채권, B+ 이하 기업 어음에 50% 이상 투자 • 단 후순위 채권에 25% 이상 투자
공모주 배정비율	• 거래소 공개 : 10% • 코스닥 공모 : 20% • 공모 증자 : 30%	• 거래소 공개 : 10% • 코스닥 공모 : 20% • 공모 증자 : 30%

하이일드 펀드와 마찬가지로 투자위험에 대한 보상 차원에서 판매사가 펀드 규모의 일정 비율만큼 출자하며, 단위형 펀드는 하이일드 펀드와 같이 5~10%의 범위에서 원금보전이 가능하지만 추가형 상품일 때는 원금보전의 혜택이 없다.

금융시장이 불안할 때 : 부동산 펀드

주식시장이 불안하여 많은 투자자들이 증권시장을 이탈할 때는 부동산 시장이 상대적으로 우수한 투자대상으로 부상하고 있다. 부동산 펀드는 다수의 투자자들로부터 자금을 모아 부동산 개발사업이나 부동산 임대사업 등에 투자하여 얻은 이익을 다시 투자자에게 분배하는 펀드이다.

기존의 리츠(REITs)가 주식회사의 명목상 회사(Paper Company)

부동산 펀드의 투자대상별 장단점

	프로젝트 파이낸싱 상품	수익형 부동산 투자상품	사행사업 지분투자 상품
내용	사업 담보로 대출을 해 준 뒤 대출이자와 수익금을 투자자들에게 배당	빌딩을 사서 임대한 뒤 들어오는 수익을 투자자들에게 배당	건설사업 시행자의 지분을 인수해 이 회사가 벌어들인 수익을 투자자들에게 배당
장점	시장에서 여러 차례 검증된 상품, 일정 고정수익 보장	꾸준한 임대수익 가능	단순 대출이나 임대보다 사업시행자로 참여함으로써 고수익 발생
단점	확실한 리스크 해소장치를 갖추지 못할 경우 원금손실 위험에 노출	경기변화에 따라 빌딩 공실 발생시 수익 감소, 최악의 경우 원금손실	사업시행자가 지고 있는 사업위험을 떠안음

형태로 자본금이 500억 원 이상이어야 하는 등 규제가 까다로운 것과는 달리, 부동산 펀드는 자산운용업법이 발효됨에 따라 새로이 출시되는 상품으로 설립이 매우 자유롭다.

부동산 펀드는 일반투자자를 대상으로 자금을 조달하기 때문에 개인이 500만~1,000만 원 정도의 소규모 자금으로 부동산에 투자할 수 있으며 투자대상도 다양하여 위험도 상대적으로 감소시킬 수 있는 큰 장점이 있다. 최근 국내에 소개되는 부동산 펀드는 국내 부동산 시장뿐만 아니라 중국 상해 등 해외 부동산에 투자하는 펀드도 많이 등장하고 있다.

상품 구성은 기존의 펀드 상품과 마찬가지로 투자자의 성향에 따라 원금보장형, 절대수익형, 고수익 추구형으로 구분할 수 있다. 수익실현 방법도 공모에 참여하여 수익증권을 매입하여 수익금을 분배받는 방식과 상장된 수익증권을 주식시장에 투자하는 것처럼 가격변동을 이용해 매매하여 차익을 추구하는 방식도 있다.

부동산 펀드에 투자하기 위해서는 먼저 펀드와 부동산의 특징을 제대로 파악해야 한다. 부동산 펀드의 특징으로는 다음과 같은 점을 들 수 있다.

첫째, 부동산 펀드는 투자대상이 매우 다양하다.

투자대상으로는 개발사업, 임대사업, 실물구입, 해외 부동산 펀드 투자 등 부동산 관련 사업에 투자할 수 있어 그 선택의 폭이 넓다고 할 수 있다.

또한 국내 외환거래법은 해외 부동산에 대한 국내 분양이 불가능하므로 투자자에게 분양 형식이 아닌 펀드 형식으로 투자하여 이익을 분배해준다는 점에서 해외 부동산 투자도 가능해졌다. 따라서 투자자는 그 펀드가 위험한 사업에 투자하는지, 안전한 부동산에 투자하는지를 눈여겨 확인해야 한다.

둘째, 부동산 펀드는 투자대상의 선정에 따라 수익성이 좌우된다.

동일한 부동산이라도 가격이 천차만별이며, 수익률도 각양각색이다. 만일 경기침체기에 임대용 부동산에 투자한다면 공실률이 높아져 수익을 얻기도 어렵고 원금의 환매조차도 어려울 것이다. 따라서 가입하기 전에 투자대상 부동산과 환매금지 사유 등의 제한사항을 반드시 검토해야 한다.

셋째, 부동산 펀드는 최고 5년 이상의 장기 투자를 해야 한다.

부동산의 성격상 투자자금이 장기간 묶이는 점을 사전에 유의해야 한다. 운용기간 중에는 일정 기간 환매가 금지되는 경우가 일반적이다. 상품에 따라 펀드에 유동성을 부여하기 위해 상장(협회등록)을 하는 경우가 있으나, 이때는 시장에서 수요자도 적기 때문에 원금 회수가 어려울 수 있다.

넷째, 투자위험을 줄일 수 있는 안전 시스템이 필요하다.

건설사업을 시행했으나 사업시행자의 부도나 건축경기의 악화로 인해 부동산 가격이 폭락할 수 있다. 따라서 이에 대한 위험분산 장치가 되어 있는지 여부를 사전에 확인해야 한다.

부동산 펀드는 은행 예금보다는 높은 수익률을 안정적으로 기대할 수 있으므로 투자대상으로는 매력적이므로 저금리 시대의 투자

부동산 펀드, 리츠, 부동산 투자신탁 비교

구 분	부동산 펀드	리 츠	부동산 투자신탁
근거법	간접투자자산운용업법	부동산투자회사법	신탁업법
발행증권	수익증권	주식	수익증권
자산운용	자산운용회사	자산관리회사	은행
현물 출자	가능	30%까지 가능	불가
투자대상	부동산, ABS, 개발사업 프로젝트 파이낸싱 등	부동산, 오피스빌딩 등	부동산 개발사업 자금대여
투자자 보호	수익자 총회, 공시제도	주주총회, 공시제도	법적 보호책 없음

대상으로 각광받고 있는 것이 사실이다. 그러나 펀드에 의한 투자이므로 가격하락에 의한 손실 가능성도 염두에 두어야 한다. 펀드의 내용을 꼼꼼하게 따져보고 구입해야 알찬 수익을 얻을 수 있을 것이다.

부동산 경매에 참여하고 싶을 때 : 경매 펀드

주식형 펀드, 채권형 펀드와 같은 증권 펀드의 개념을 경매에 적용시킨 것이 경매 펀드이다. 경매 펀드는 투자자들의 자금을 모아 그 자금으로 수익성이 높은 부동산 경매물건을 낙찰받아 펀드 명의로 소유권 등기를 한다.

부동산 펀드는 증권 펀드에 비하면 어떤 경우에도 최소한의 자산, 즉 취득한 부동산이라는 현물 자산이 살아 있다는 점이 매력이라 할 수 있다. 또한 경매물건의 등기권자인 펀드의 주주로서 배당과 함께 향후 시세차익을 얻을 수 있다.

경매는 시장의 상황에 따라 달라지기는 하지만, 낙찰가가 일반적으로는 시가 대비 60~70%보다 낮은 수준에서 결정되므로 시가보다 충분히 싸게 구입할 수 있다는 이점이 있다. 그러나 경매와 관련하여 알아야 할 각종 법적인 사항과 권리분석 등을 경험이 적은 일반인은 파악하기 힘들기 때문에 아무나 쉽게 접근하기는 어려운 편이다. 경매로 낙찰받은 물건을 리모델링하거나 매도하는 것도 전문성이 없으면 쉽지 않다.

주식이 경기 선행지수라면 경매는 후행지수라고 할 수 있다. 즉 경기가 나빠져 부도가 늘면 경매 매물은 늘어날 수밖에 없다. 경매는 싸게 낙찰되면 수익을 얻을 가능성이 크고 유찰되어도 잃는 것은 없다.

또한 주식시장에서 저평가된 낮은 시세에 주식을 매수하면 리스크가 줄어들듯이 경매에서도 시세보다 크게 낮은 가격에 부동산을 매수하면 리스크가 줄어든다. 주식시장의 배당에 해당되는 임대수익에 의한 정기적인 수익도 가능하고, 부동산 경기가 회복될 시점에 매각할 경우에는 상당한 시세차익을 얻을 수 있다.

경매 펀드는 투자기간이 보통 3~5년으로 주식형 펀드에 비해 길다. 신탁보수도 연 3% 수준으로 주식형 펀드보다 높다. 만기 전에는 환매가 불가능하지만 모집일 기준으로 약 3개월 이내에 증권시장에 상장시켜 환금성을 제공하고 있다.

달러의 가격하락이 예상될 때 : 황금 펀드

금융자산에 대한 투자가 주류를 이루었던 자본시장이 자산운용업법의 제정으로 새로운 시대 패러다임을 맞이하고 있다. 이 법안에 의하면 간접투자 상품의 투자대상 범위를 유가증권 등의 금융자산뿐만 아니라 부동산, 금, 선박, 곡물, 영화, 원자재 등 실물자산에까지 확대했기 때문이다.

최근 오일쇼크나 이라크 전쟁의 장기화로 인해 금융시장이 폭락하더라도 금 가격이 상승하는 점에서 착안한 것이다. 이에 발맞추어 실물자산의 대표주자인 금이 투자대상으로 관심을 끌고 있다. 이때 금 가격은 영국 금속거래소의 현물가격을 기준으로 한다.

황금 펀드는 물가상승으로 인한 인플레이션이 지속되면 실물자산만이 적절한 헤지수단이 되는 성질을 이용한 것이다. 실물자산의 대표주자인 금 가격의 변동 특성을 이용하여 투자자로부터 모은 자금을 금에 투자하여 얻은 수익을 투자자에게 분배하는 상품이다.

일반적으로 금 가격은 인플레이션의 압력이 커질수록 상승한다. 반면 달러 가격과는 반대로 움직여 달러화가 강세이면 금 가격은 하락하고, 달러 가격이 약세이면 금 가격은 상승한다. 따라서 금 가격은 인플레이션이 진행되거나 금융시장이 불안할 때 안전한 투자수단으로 인정받고 있다.

최근 국내 펀드 시장에 등장한 황금 펀드는 두 가지 유형의 운용구조를 가지고 있다. 첫째는 펀드 설정 초기와 비교하여 만기시점 국제 금 가격이 하락하면 원금이 보존되고, 금 가격이 상승하면 일정한 수익률이 보장되는 펀드이다.

또 다른 운용구조는 금 가격이 일정 범위 내에 유지될 때 유리한 펀드이다. 투자기간 동안 국제 금시장 가격이 가입시점과 비교하여 8% 전후의 범위에 머무르면 만기에 10% 수준의 수익률이 유지되고, 또 이 범위를 벗어나도 15% 전후를 유지하면 5% 수준의 수익률을 지급하며, 이 범위를 완전 이탈하더라도 원금은 보존된다.

이는 선물이나 옵션을 이용하여 위험을 헤지하면서 수익률이 오르도록 만든 상품이다. 그러나 이러한 상품을 운용하기 위해서는 금 가격의 기준이 되는 영국 런던 귀금속시장협회가 발표하는 금 가격 변동추세에 정통한 전문가가 필요하며, 또한 상품 선물을 이용하기 위한 시스템도 갖추어야 할 것이다. 따라서 이러한 펀드에 대한 운용성과는 아직까지는 검증되지 못한 상태라고 할 수 있다.

국내 S증권은 국제 금 가격에 수익이 연동되는 S 금 연계증권(GLS) 펀드를 판매했다. 원금보장형으로 최저 100만 원으로도 가입할 수 있다. 만기는 1년이고, 만약 1년 이내 환매할 경우에는 환매금액의 7%를 수수료로 내야 한다.

1년 뒤 국제 금 가격이 가입시점으로부터 8% 넘게 오르거나 떨어지지 않으면 10%의 수익을 거둘 수 있다. 또 ±8% 범위를 벗어나더라도 14% 넘게 오르거나 떨어지지 않으면 5%의 수익을 지급받는다. 이 범위를 이탈해도 원금은 유지된다.

D투자증권도 런던 귀금속시장협회 금 현물가격과 연계한 '인베스트 골드 프리미엄 채권 투자신탁'을 운용하고 있다. '인베스트 골드 프리미엄 채권 투자신탁'은 1년 단위형 상품으로 투자기간 1년

동안 금 현물가격과 관계없이 설정 초기의 금 현물가격과 만기 때의 금 현물가격에 의해 수익률이 결정되는 구조로 설계됐다.

설정 초기의 금 현물가격보다 만기 때 현물가격이 하락할 때는 원금보존, 30% 미만 상승할 때까지는 금 가격상승률의 47%(수익참여율), 30% 이상 상승할 때는 14.1%의 수익이 가능한 구조이다. 이 상품은 안정성 및 유동성을 강화하기 위해 자산의 95% 이상을 국내 국공채 등 안정자산 위주로 투자하며, 5% 이내만 금 연계 해외 파생상품에 투자해 초과수익을 노린다.

언제든지 환매는 가능하지만 1년 미만에 중도 해지할 때 이익금의 100% 또는 환매금액의 3% 중 큰 금액으로 중도 해지수수료를 내야 한다. 양사 모두 기준 자산이 되는 금 현물가격은 런던 귀금속시장협회가 발표하는 가격이다.

투자자들은 인터넷(www.lbma.org.uk)을 통해 국제 금 가격의 변동을 언제든지 확인할 수 있다. 금을 비롯한 실물자산 투자의 장점은 주식, 채권 등 기존 금융상품과는 달리 인플레이션에 대한 헤지가 가능하다는 점이다. 특히 금 가격은 미래의 불확실성이 커질수록, 인플레이션 압력이 높아질수록 상승하는 가격패턴을 가지고 있다.

그러나 이러한 황금 펀드는 모두 만기를 1년으로 하고 있으며, 환매 제한기간 이내에 환매할 때 5~7%의 환매수수료를 부담해야 하므로 1년 이내에 자금을 필요로 하는 투자자에게는 적절하지 않다.

성장성이 높은 해외 시장에 투자하고 싶을 때 : 해외 펀드

저금리 기조가 지속되면서 해외투자 펀드에 대한 관심이 꾸준히 높아지고 있다. 금리가 높았던 시절에야 굳이 해외로까지 눈을 돌릴 필요가 없었다. 그러나 은행 이자로 돈을 불리기 어려운 지금은 안전하면서도 수익률이 높은 상품이 인기를 끄는 것은 당연하다.

따라서 각종 해외투자 펀드 판매가 봇물을 이루는 것은 자연스러운 일이다. 그러나 아직도 해외투자 펀드에 투자하기를 망설이는 투자자들이 많다. 정보가 부족한데다 해외투자 펀드가 정말 안전한 투자상품인지 자신이 없기 때문이다.

해외 펀드란 국내에서 투자자들로부터 자금을 모아 해외의 각종 자산에 투자하는 펀드를 말한다. IMF 외환위기 이후 투자대상 다양화와 새로운 외화자산 관리수단 제공이라는 실익을 기반으로 국내에 도입된 해외 펀드는 은행권에서 일반화되고 있는 선물환 헤지 등 외환 리스크 관리수단의 하나로 인기를 끌고 있다.

특히 성장 가능성이 높은 국가에 투자하여 수익성을 높일 수 있고 투자대상, 투자통화, 투자지역이 다른 다양한 펀드에 투자하여 자산배분 효과 및 국제적 분산효과를 얻을 수 있다.

해외 펀드의 장점으로는 첫째, 국내 투자자를 대상으로 자금을 조성하여 주로 해외 시장에 상장된 유가증권에 투자하기 때문에 소액으로 해외 유망기업에 간접적으로 투자할 수 있는 기회가 된다.

둘째, 해외에서 수익성이 높은 다양한 자산으로 분산하여 투자하므로 투자위험은 줄이고 높은 수익성의 기회를 얻을 수 있다. 이 펀드는 국가별 포트폴리오를 구성하며, 보다 성장 가능성이 높은 국가에 투자비중을 높이므로 수익성에 있어서도 상대적으로 유리하다.

셋째, 외국에서 달러를 기준통화로 하여 기준가격이 결정되어 결제되므로 환율위험에 따른 손실을 예방할 수 있게 되었다. 특히 외환위기 이후 높아진 환율 리스크 헤지에 대한 투자자들의 요구에 부응하는 상품으로 각광받고 있다.

넷째, 투자지역과 대상을 달리하는 복수의 펀드간에 자유로운 전환을 통하여 추가수익을 올리는 한편, 기준가격이 상대적으로 안정적인 채권형 펀드로 전환하는 경우에는 수익도 방어할 수 있는 자유전환형 상품이 대부분이다.

해외 펀드도 안정된 정부나 정부기관이 보증하는 안정된 채권에 투자하는 유형과 신흥시장에 장기간 분산투자하여 고수익을 목표로 하는 이머징마켓 펀드, 미국과 영국 등 선진국의 우량 기업에 투자하여 적극적인 자산증식을 목표로 하는 주식형 펀드 등 그 유형이 매우 다양하다.

특히 외국의 주식시장 지수의 인덱스 펀드에 투자하는 상품이 많이 출시되고 있다. 한때 인기를 끌었던 브릭스(BRICs) 펀드는 브라질, 러시아, 인도, 중국의 앞글자를 따서 만든 펀드이다. 이들 네 국가는 성장잠재력이 높아 이들 국가의 유가증권 등에 투자하면 보다 높은 투자수익을 얻을 수 있기 때문에 붙여진 이름이다.

그러나 이들 펀드가 항상 고수익을 낼 수 있는 것은 아니다. 이들 국가의 경제가 항상 고성장을 지속할 수는 없기 때문이다. 따라서 국내 시장 투자와 적절하게 분산투자하여 국가별 포트폴리오를 구성하는 것이 필요하다.

해외 펀드에 투자할 때 가장 중요한 사항은 국내 펀드와 마찬가지로 운용회사나 펀드매니저의 운용성과, 그리고 어떠한 자산에 투자하는지 꼼꼼하게 살펴보아야 한다. 또한 앞으로의 경기상황도 전망하여 적절한 자산에 투자하는 펀드를 선정해야 한다.

해외 펀드에 투자할 때는 펀드 기준가격 등락에 따른 손실 외에 펀드 표시 통화와 원화 환율의 변동에 따른 환차손 위험이 투자부담이며, 이 환차손익은 과표산정시 제외되므로 원화의 가치가 상승할 경우 불리할 수 있다는 점을 유의해야 한다.

예를 들어 미국 주식에 투자하는 해외 펀드에 가입한 경우 미국 주식시장이 올라 펀드 기준가격이 상승했다면 해당 통화 기준으로는 많은 수익이 발생한다. 그러나 동시에 원화 환율이 하락했다면 환손실이 발생하여 원화 기준 평가금액은 줄어들게 된다.

따라서 해외투자 펀드는 해당 투자 유가증권의 가격상승분(기준가격 상승분)과 환차익 부분의 크기에 의해 수익이 결정된다. 사실 해외투자 펀드는 최근 선물환 계약방법이 도입되면서 판매에 가속도가 붙기 시작했다. 선물환 계약이란 향후 투자만기시 외화를 원화로 다시 환전할 때 적용되는 원화 환율을 투자시점에 미리 고정시켜 놓는 것을 뜻한다.

예를 들어 현재 원화가 1달러에 1,000원일 경우 투자자금 1,000만 원을 달러로 환전하면 1만 달러를 받는다. 만약 선물환 계약을 통해 투자 만기시점인 1년 후 원화 환율을 1,050원에 고정시켰다면, 1년 후 원화 환율에 관계없이 투자원금 1만 달러를 1,050원에 환전하게 돼 1,050만 원을 돌려받는다. 즉 1년 후 원금 1,000만 원에 대해 50만 원의 환이익을 투자시점에 확정적으로 얻게 된다.

이러한 선물환 계약은 환손실을 방어하고 환차익을 미리 취득한다는 점이 부각되면서 해외투자 펀드 판매에 일조했다. 환손실을 우려하는 투자자에게는 이러한 선물환 계약을 통한 외환 헤지가 좋은 방법이다.

그러나 선물환 계약은 향후 투자기간 만기시 더 많은 환차익을 얻을 수 있는 기회를 사전에 봉쇄한다는 단점도 있다. 만일 만기시점에 원화 환율이 1,100원이라면 선물환 계약으로 인해 오히려 50만 원을 더 벌 수 있는 기회를 놓칠 수도 있기 때문이다.

해외투자 펀드는 외국계 은행과 국내 증권사 등에서 판매되고 있다. 투자대상도 주식·채권 등과 같은 유가증권에서부터 금과 같은 실물까지 다양하다.

분산투자를 선호하는 투자자라면 국내 투자 펀드간 분산뿐만 아니라 해외투자 펀드를 통해 다양한 투자대상 및 지역에 대한 분산

투자를 고려할 필요가 있다. 해외투자 펀드는 분산투자 이외에 특정 외화자산을 보유함으로써 향후 환차익까지 얻을 수 있다는 장점도 있다.

환손실에 대한 두려움을 떨칠 수 있다면, 해외투자 펀드는 국내 금융시장의 변동성이 커지는 요즈음 성공적인 투자를 위한 훌륭한 선택이 될 수 있다.

안정된 노후 생활자금이 필요할 때 : 연금저축 펀드

연금저축 펀드는 매월(분기) 일정 금액을 일정 기간 적립 후 적립금과 수익금을 연금식으로 수령하는 노후 생활자금을 마련하기 위한 연금형 상품이다.

이 펀드는 만 18세 이상 국내 투자자를 가입대상으로 하며, 주로 채권에 투자되는 국공채형 펀드, 채권과 주식에 투자하는 주식형과 혼합형 펀드로 구성한다. 또한 수익자의 요청에 의해 연 2회 종목간 전환이 가능하며 세제 혜택도 있다.

연금저축 펀드는 적립기간이 10년 이상 연 단위이며, 적립기간 종료일 다음날부터 연금지급 기준일 직전일까지 거치기간으로 하여 연금 지급기간은 5년 이상 연 단위로 한다.

저축금은 매월 100만 원 또는 3개월마다 300만 원의 범위 내에서 자유롭게 납입할 수 있다. 수익증권의 종목간 전환은 저축기간 중 저축계약 체결일로부터 연 2회에 한하여 전환 청구가 가능하며, 저축계약의 다른 금융기관으로 이전 청구도 가능하다.

연금은 '좌수분할식'으로 지급한다. '좌수분할식'이란 매회 연금 지급일 현재 저축자의 수익증권 잔고좌수를 잔여 연금 지급횟수로 균등 분할하고 당회 지급분에 해당하는 수익증권을 평가액으로 환산하여 지급하는 것으로, 다음과 같은 방법으로 계산한다.

> **연금 지급액** = (연금 지급일 현재 수익증권 잔고좌수 ÷ 잔여 연금 지급횟수) × 연금 지급일 현재 1,000좌당 기준가격 ÷ 1,000

연금지급 주기는 월 단위를 원칙으로 하되 3개월, 6개월 또는 1년 단위로 할 수도 있으며, 처음에 약정한 연금지급 주기보다 장기 또는 단기로 변경을 신청할 수 있다.

또한 당해 연도 저축 불입액과 240만 원 중에서 적은 금액을 저축자의 당해 연도의 종합소득금액에서 공제한다. 연금을 수령할 때는 연금소득으로 과세한다. 이때 과세대상 소득은 '연금 수령액×[1-(연 240만 원 초과 불입금 누계액)/연금지급 개시일 현재 원리금의 합계]'이다. 또한 중도 해지할 때는 금융기관에서 15%(주민세 별도)를 원천 징수한다.

우수한 펀드만 골라서 투자하는 펀드 : 재간접투자 펀드

흔히 농담삼아 "붕어빵에는 붕어가 없고, 곰탕에는 곰이 없다"고 들 한다. 하지만 펀드 안에 펀드가 들어 있는 상품이 있다. 바로 다른 펀드에 투자하는 펀드인 '재간접투자 펀드(Fund of Funds)'가 그것이다.

재간접투자 펀드란 펀드 운용재산의 50% 이상을 다른 펀드(수익증권이나 뮤추얼펀드)에 투자하는 펀드로서, 이러한 펀드의 형태는 자산운용회사의 운용능력을 아웃소싱하기 위해 도입되었다.

즉 어느 자산운용회사가 모든 투자자산에 대해 전문성을 가지고 운용한다는 것은 현실적으로 어렵기 때문에, 자산운용회사가 투자하기를 원하는 자산에 대해 전문성을 가진 다른 자산운용회사가 운용하는 펀드의 수익증권이나 뮤추얼펀드에 투자하여 그 자산에서 발생하는 이익을 추구하는 펀드이다.

이와 유사한 개념으로는 모자형 펀드(Family Fund)가 있다. 이는 자산운용회사의 운용의 편의성을 위해 도입된 펀드로서, 동일한 자산운용회사에서 동일한 성격을 가진 펀드가 존재할 경우 이러한 여러 가지 펀드를 단일의 펀드로 묶어 운용하면 운용의 효율성이 높아지고 펀드매니저의 운용효율도 높일 수 있다.

국내에 판매되는 재간접투자 펀드는 대부분 해외 펀드를 투자대상으로 한다. 해외 펀드에 대한 정보가 부족한 투자자들을 대신해 펀드 투자를 대행해주는 것이다. 지난 해 인기몰이를 했던 브릭스 (BRICs) 펀드도 브라질, 러시아, 인도, 중국의 주식형 펀드에 분산투자하는 재간접투자 펀드가 많았다. 최근에는 일본이나 미국계 부동산 펀드에 투자하는 펀드와 해외 헤지펀드에 투자하는 펀드도 등장하고 있다.

저금리 시대에 투자대상도 넓히고 메릴린치, 모건스탠리 등 세계적인 운용사가 운용하는 엄선된 펀드에 분산투자한다는 것이 이 상품의 가장 큰 매력이다.

주가지수 수익률을 따라가고자 할 때 : 상장지수 펀드

상장지수 펀드(Exchange Traded Funds : ETF)란 종합주가지수의 수익률을 추구하는 인덱스 펀드를 주식처럼 실시간으로 시장에서 매매할 수 있도록 만든 펀드를 말한다. 즉 인덱스 펀드와 동일하게 KOSPI 200 지수와 같은 수익률을 내도록 설계되어 있으며, 거래소에 상장되어 주식과 마찬가지로 매매가 자유롭기 때문에 환금성도 매우 높다.

일반적으로 종합지수와 동일한 수익률을 얻으려면 인덱스 펀드에 가입하거나 주가지수 선물에 투자해야 한다. 그러나 ETF 제도를 도입하여 소액의 자금으로 종합주가지수 수익률의 복제가 가능해져서 개인투자자들에게 유용한 투자수단이 되었다.

ETF의 특징으로는 첫째, 인덱스 펀드를 상장시켜 주식처럼 거래가 가능하므로 펀드와 주식의 특징을 모두 갖추고 있다. 둘째, 소액의 자금으로 지수상승률을 따라잡을 수 있다는 장점이 있어 개인투자자들에게 유용한 투자수단이 되고 있다.

셋째, 가입한도에 제한이 없이 자유롭게 매매가 가능하며, 중도환매라는 절차가 없이 즉시 수익을 실현할 수 있다. 넷째, 시장이 비관적일 경우 공매도(Short Selling)를 하여 수익을 실현할 수 있다.

ETF와 인덱스 펀드의 비교

구 분	ETF	인덱스 펀드
장중 매매	장중 시황을 보고 시장가격에 매매 및 이익실현 가능	자신의 매매가격을 모르는 상태에서 의사결정을 함
환 매	현재 시장가격으로 매매되므로 자신의 환매가격이 즉시 결정됨	환매 신청 익일 종가가 계산된 다음날의 기준가격으로 결정됨
공 매	공매도 또는 대주에 의한 매도가 가능	공매도 또는 대주에 의한 매도가 불가능
보 수	ETF는 운용보수만 부담	일반적인 뮤추얼펀드 보수는 높음
거래비용	ETF는 현물로 설정/헤지하므로 매매수수료 부담이 없음	설정/헤지에 따른 거래비용을 다른 투자자가 부담
시장충격 비용	시장에서 형성되는 매매호가나 시장충격 비용 있음	의사결정과 실행 간의 불일치로 기회비용의 손실이 있음

마지막으로 바스켓 매매의 효과로 선물이나 옵션과 연계하여 헤지 거래를 하기가 용이하다.

ETF를 주가지수 선물과 비교해보면 KOSPI 200 지수를 기본으로 거래한다는 점에서 지수선물에 투자하는 것과 비슷하지만, 선물과 달리 만기가 없다. 또 선물의 경우 매일매일 손익을 정산하여 증거금이 부족하면 마진 콜에 의한 추가 증거금을 납부해야 하지만, ETF는 별도의 정산절차가 필요없다.

거래단위도 선물의 경우 5,000만 원 정도의 금액이 거래되지만, ETF는 월 10만 원 정도로 거래가 가능하기 때문에 소액을 거래하는 개인투자자들도 손쉽게 이용할 수 있다. 또한 주가지수를 거래한다는 점에서 선물과 비슷하지만 선물에 비해 투자위험이 낮고 장기 투자도 가능하다. 그러나 선물에 비해 단점은 레버리지 효과가 낮고, 초단기로 매매하기는 어렵다.

주가하락기에 수익을 얻고자 할 때 : 리버스 인덱스 펀드

최근 주식시장이 큰 폭으로 조정받고 변동성이 심해지면서 주식투자자들이 많은 불안감을 느끼고 있다. 게다가 시장 전문가들이 향후 시장에 대해 대체로 비관적인 전망을 하고 있어 더욱 걱정스럽다. 시장이 하락하면 주식형 펀드의 수익은 기대하기 어렵다.

그렇다면 시장하락기에는 주식형 펀드에서 손을 떼야 하나? 종합주가지수와는 반대로 주가하락에도 수익을 내는 펀드들이 있으니 걱정할 필요 없다.

우선 리버스 인덱스 펀드(Reverse Index Fund)가 그것이다. 주가지수와 비슷한 수익률을 내도록 운용되는 인덱스 펀드와는 반대로 리버스 인덱스 펀드는 지수가 상승하면 오히려 상승분 정도의 손실이 발생하고 지수가 하락해야 수익이 발생한다.

말 그대로 리버스 인덱스 펀드는 주가가 하락해야 수익이 나는 펀드이다. 리버스 인덱스 펀드는 시장의 장기 방향성에 투자하는 것이다. 단기적으로 시장에 대응하면 낭패를 볼 수 있다. 시장의 방향이 장기적으로 하락할 것으로 예상될 때 장기 투자할 생각으로 투자해야 한다.

이 펀드의 운용구조는 운용자금의 일부(15%)를 선물 매도 포지션을 취하고 나머지는 채권에 투자하므로 주가지수와 정반대되는 수익률이 발생하고 채권수익률 정도의 수익률이 지수수익률에 추가될 수 있다.

다음으로 양 방향 지수연계 펀드(ELF)가 있다. 양 방향 지수연계 펀드란 주가가 오를 때뿐 아니라 내릴 때도 일정 수익률을 올릴 수 있는 상품이다. 이 펀드는 원금이 보전되고 지수 등락폭이 일정 구간 내에 있으면 수익이 발생한다는 점 때문에 투자자들로부터 많은 관심을 받았다.

이 펀드의 운용구조는 운용자금의 95% 수준을 채권에 투자하여 원금을 보존하도록 하고, 나머지 자금으로 콜옵션과 풋옵션을 매수하는 포지션, 즉 스트래들 매수 포지션(Long Straddle)을 취하면 가능하다.

만일 향후 시장전망에 확신이 없다면 차라리 목표수익률을 낮추고 양 방향 지수연계 펀드에 가입하는 것이 낫다. 양 방향 지수연계 펀드는 시장의 방향성에 투자하는 것이 아니다. 향후 지수대가 일정한 박스권 내에서 등락할 것으로 기대될 때 적합한 투자상품이다.

양 방향 지수연계 펀드는 목표수익률이 은행 금리 이상은 가능하다. 또한 원금보전도 가능해서 안정적인 투자를 원하는 사람들에게 적합하다. 그러나 시장이 일정 구간을 벗어나서 너무 많이 상승하거나 너무 많이 하락하면 수익은 거의 없게 된다.

리버스 인덱스 펀드나 양 방향 지수연계형 펀드는 모두 시장이 하락할 때 수익을 낼 수 있는 상품이다. 그러나 리버스 인덱스 펀드는 손실이 발생할 수 있고, 양 방향 지수연계형 펀드는 수익이 전혀 없을 수도 있다는 점을 염두에 둬야 한다. 시장이 하락한다고 해서 아무것도 하지 않는 사람보다는 시장하락기를 이용해 수익을 내고자 하는 사람들이 진정한 투자자일 것이다.

지금까지의 지수연계 펀드는 종합주가지수나 KOSPI 200 지수, 배당지수 등 거래소에서 발표하는 대표지수에 연계된 상품이 전부였으나 최근에는 해외 주가지수나 증권사에서 개발한 우량주지수에 연계된 펀드들이 판매되고 있다.

심한 인플레이션이 예상될 때 : 상품 펀드

주식, 채권뿐 아니라 부동산, 영화, 원유, 금, 선박에까지 투자하는 펀드들이 나오고 있다. 요즘 대안투자로 부상하고 있는 '실물자산 펀드'는 말 그대로 실체가 있는 물건에 투자한다고 해서 이런 이름이 붙여졌다.

실물자산 펀드(Commodity Fund)는 에너지, 농축산물, 귀금속 등의 가격을 종합적으로 나타내는 대표적인 지수 또는 이와 관련한 파생상품에 투자하여 그 수익을 투자자에게 분배하는 펀드이다.

이러한 상품자산 가격을 종합적으로 나타내는 지수에는 CBC(Commodity Research Bureau), 골드만삭스 상품지수(GSCI), 런던 귀금속협회지수 등이 있다. 이어서 농·수·축·임산물에 투자하는 펀드들도 등장한다.

그런데 최근 판매 중인 실물펀드들을 가만히 들여다보면 실물에 실제 투자하는 비율은 5~10% 내외에 불과하다. 그것도 실물자산과 연계된 파생상품에 주로 투자한다. 나머지 90% 이상은 채권에 전량 투자하고 있다.

최근 선보인 '골드(황금) 펀드'는 자산의 95%를 채권에 투자하고

5% 내외만 금 관련 해외 파생상품에 투자하고 있다. '원유 펀드' 역시 서부텍사스 중질유(WTI) 선물과 연계된 워런트(Warrant)에 5%만 투자한다. 실물 펀드라기보다는 정확히 채권형 펀드라고 불러야 할 것이다.

미국에서는 특정 투자대상 자산을 펀드명으로 사용하기 위해서는 자산의 80% 이상을 투자하도록 규제하고 있지만 국내에는 그런 규정이 없다.

물론 실제로 한나라당 옛 당사를 매입하는 부동산 펀드나 쉬리 2 등 영화에 직접 투자하는 엔터테인먼트 펀드처럼 진정한 실물자산 펀드들도 나와 있다. 실물자산 펀드 투자에 성공하기 위해서는 무엇보다 기초자산인 부동산, 원유, 금 가격 등 실물자산의 가격흐름을 잘 알아야 할 것이다.

대부분 1~3년 등 만기가 정해진 '폐쇄형' 상품이기 때문에 만기 때 상품가격이 어떻게 될지 예측해야 한다. 문제는 국내 운용사에 실물투자 부문 전문인력이 턱없이 부족하고 주식이나 채권 펀드처럼 수익률 검증이 아직 이뤄지지 않았다는 것이다.

그래서 그런지 부동산 펀드만 활발할 뿐 엔터테인먼트, 금, 원유 펀드 등은 판매실적이 영 시원찮다고 한다. 이 점을 고려한다면 업계 1호 펀드라고 '대박'이 날 것이라는 섣부른 기대보다는 분산투자의 관점에서 접근하는 것이 현명할 것이다.

그러나 실물자산은 금융자산과는 달리 인플레이션 헤지 기능이 강한 특징이 있다. 경기가 상승추세에 진입하여 경제활동이 활발해지면 원자재 가격의 상승률이 물가상승률 이상으로 올라가게 되므로 인플레이션을 충분히 헤지할 수 있다.

또한 증권시장과 상품시장은 가격이 상반되게 움직이므로 유가증권 투자의 수익률이 저조할 때는 상품자산에 분산투자를 함으로써 충분히 분산투자의 효과를 얻을 수 있다.

또한 실물자산 투자는 상품자산에 직접 투자하는 것이 아니라 상품 관련 선물 등 파생상품에 투자하는 것이기 때문에 현물자산 가격의 특성상 품귀현상이 나타날 때 가격이 폭등하여 선물가격과의 괴리가 매우 커지게 된다. 이때 현물상품과 선물의 가격괴리를 이용한 프로그램 매매에 의한 차익거래를 이용하여 보다 안정된 수익을 얻을 수 있다.

상품 펀드는 과거 통계치를 보아도 주식이나 채권보다는 높은 수익률을 보여주고 있다. 가격변동성으로 인한 위험도 높지만 수익률도 높으므로 충분한 투자대상이 될 수 있다고 하겠다. 따라서 과거 유가증권 투자에 만족하지 못하는 투자자에게 투자대상 자산에 대한 선택의 폭을 넓혀주고 있으며, 포트폴리오 구성에도 효율성을 증대시켜주고 있다.

그러나 실물자산 펀드도 투자에 따르는 위험이 많다. 실물자산의 가격변동폭이 금융상품보다 크기 때문에 유가증권 투자 못지않게 투자손실의 위험이 크게 나타난다. 따라서 상품 펀드에 단독 투자하기보다는 유가증권 펀드의 투자와 병행하여 분산투자에 의한 효과를 충분히 활용해야 할 것이다.

연말에 배당수익과 세금혜택을 얻고자 할 때 : 절세형 펀드, 배당형 펀드

저금리 시대가 되면서 은행은 이제 저축이나 투자를 하는 곳이라기보다는 돈을 잠시 맡겨두는 금고로서의 역할에 머무르게 되었다. 은행 예금금리의 하락으로 안정적인 성향을 지닌 투자자들도 더 이상 예금으로만 만족하기 힘든 상황이 된 것이다.

주식형 펀드에 가입하기가 망설여지는 투자자는 투자수익과 함께 연말정산 때 세금감면 혜택을 받을 수 있는 연말 절세형 펀드와 배당투자 펀드에 관심을 갖는 것이 좋다.

연말 절세형 펀드는 연말정산 때 소득공제 또는 세액공제 혜택이 있는 펀드를 말한다. 소득공제 또는 한푼의 세금이라도 줄이는 것이 펀드의 실질적 수익률을 올리는 데 큰 도움이 된다. 펀드 수익에다 연말정산 때 절세효과까지 얻을 수 있는 것으로는 장기주택마련저축 펀드와 연금저축 펀드가 있다.

장기주택마련저축 펀드는 적립금의 40%, 300만 원까지 혜택을 받을 수 있고, 연금저축 펀드는 적립금의 240만 원까지 연말 소득공제가 가능하다. 두 펀드에 가입해 최대한 혜택을 받으려면 장기주택마련저축 펀드와 연금저축 펀드에 각각 750만 원, 240만 원씩 총 990만 원을 적립하면 된다. 소득에 따라 돌려받는 금액이 달라지지만 54만 원에서 최대 215만 원까지 환급받을 수 있다.

장기주택마련 펀드는 만기를 7년 이상으로 하면 비과세 혜택에 연말 소득공제 혜택까지 받을 수 있는 절세상품 중의 절세상품이다. 예금이자에 부과되는 16.5%의 이자소득세가 완전 면제된다. 가입자격은 만 18세 이상 무주택자나 전용면적 85m²(25.7평) 이하 1주택 소유자인 세대주이다. 가입기간은 2006년까지 가능하다. 연간 불입액의 40% 범위에서 최고 300만 원까지 소득공제 혜택이 주어진다.

연금저축 펀드는 만기 10년 동안 매월 100만 원 또는 3개월마다 300만 원 내에서 자유롭게 투자할 수 있는 상품이다. 국공채형, 채권형, 주식형, 혼합형의 4종류 상품 중에서 선택할 수 있다.

연간 불입액 중 최고 240만 원까지 소득공제 혜택을 받을 수 있으며, 10년 만기 후에는 연금을 수령하는 만 55세 때 연금소득세 5.5%만 내면 되기 때문에 절세효과가 크다.

배당주 펀드란 배당수익률(배당금을 주가로 나눈 것)이 높은 종목에 집중적으로 투자하는 상품이다. 일반적으로 배당수익률이 높은 종목은 외국인들이 선호하는 주식으로 주가가 하락하는 시기에도 크게 떨어지지 않는 장점이 있다.

특히 하반기에는 외국인이나 기관들이 배당액이 높은 주식에 집중적으로 투자하기 때문에 배당수익률이 높은 종목의 주가상승폭이 다른 주식보다 높은 편이다. 최근 주가가 급락하면서 배당수익률이 정기예금 이자를 웃도는 종목이 많아 배당투자의 매력이 상대적으로 커졌다. 그러나 개인투자자 입장에서는 배당주를 직접 골라 투자하기엔 어려움이 많다. 또 한 종목에 집중 투자했다가 실패할 위험도 크다. 그러므로 고배당주만 골라 투자하는 배당주 펀드를 통해 간접투자를 하는 것이 유리하다.

배당주 펀드는 우선 펀드에 편입된 주식의 주가가 예상 배당수익률 이상으로 오르면 주식을 팔아 시세차익을 챙길 수 있다. 만약 주가가 오르지 않아도 배당시점까지 주식을 보유해 배당금을 받음으로써 주가하락에 따른 손실을 만회할 수 있다. 배당소득에 대해서는 비과세 혜택도 주어진다.

배당주 펀드를 선택할 때는 반드시 각 운용사별로 과거 수익률을 비교하고 어떤 종목에 투자했는지 살펴봐야 한다. 배당주 펀드는 주가하락장에서도 선방해 최근 1년 수익률이 종합주가지수 수익률보다 훨씬 높은 연 8~17%에 달하고 있다.

펀드 평가회사인 제로인에 따르면, S에셋자산운용의 'S고배당 주식형 펀드'는 2003년 중순에서 2004년 중순의 1년간 16.89%의 수익을 올렸다. L투신운용의 'L배당주혼합'과 S투신운용의 'S비과세 고배당주식형 펀드'도 각각 12.73%와 12.5%의 고수익을 올리고 있다.

그러나 운용사별로 수익률 차이가 최대 9%까지 벌어져 있으므로 운용사별 또는 펀드별로 반드시 수익률을 비교해보아야 한다. 현재 증권사에서 판매 중인 배당주 펀드는 크게 안정형, 액티브형, 배당지수형이 있다.

안정형 펀드는 주가 차익보다는 연말 배당수익을 목표로 운용되는 펀드이다. D투자증권이 판매 중인 '아름다운 실버채권혼합 펀드'는 매년 4% 수준의 배당수익을 현금으로 직접 찾을 수 있다. H투자증권의 '부자아빠 디아트 혼합형 펀드 2호'는 배당주와 주가지수 선물에 투자해 주가의 등락과 상관없이 안정적인 수익을 기대할 수 있도록 설계됐다. 두 펀드 모두 생계형 비과세 저축으로 60세 이상 가입자가 3,000만 원까지 가입하면 세금이 면제된다.

액티브형 펀드는 배당수익률과 배당성향(당기순이익 중 배당금이 차지하는 비중)이 높은 종목에 60% 이상 투자하는 상품이다. '마이다스 블루칩 배당주식형 펀드'는 시가총액 상위 50개 종목 중 상위 5개 종목과 배당수익률이 높은 15개 종목에 투자한다.

'배당지수형'은 배당률이 높은 종목으로 구성된 배당지수(KODI)에 투자한다. KODI란 KOSPI 200 편입종목 중 배당성향이나 배당수익률이 높은 50개 종목의 주가흐름을 쫓는 지수를 뜻한다.

확정이자를 받고 싶을 때 : 선박 펀드

개인도 선주(船主)가 되어 용선료 수익을 챙길 수 있다. 선박 펀드가 바로 그것이다.

선박 펀드란 일반투자자의 투자금이나 금융기관 차입자금 등으로 펀드를 조성한 뒤, 배를 건조 또는 매입해 이를 해운회사에 빌려줘서 발생하는 임대료를 투자자에게 다시 배당하는 일종의 투자 펀드로서 독일, 노르웨이 등 유럽에서 널리 활용되고 있다.

아시아 최초의 선박투자 펀드인 동북아 1호 선박투자회사는 6,700만 달러(790억 원 상당)로 수출입은행 지원자금이 60%로 가장 많으며, 나머지는 개인 등 일반투자자 투자자금 20%, 기업은행 협조융자 자금 10%, 현대상선 선납금 10% 등으로 구성되어 있다.

이 펀드는 운용사인 한국선박운용을 통해 현대중공업에 대형 유조선 1척을 발주, 구매한 뒤 이를 현대상선에 임대하는 방식으로 운용된다.

이 유조선은 길이 333m, 폭 60m, 높이 30m로 갑판 크기가 축구장 3개에 해당되는 31만t급 초대형 유조선(VLCC, Very Large Crude-oil Carrier)으로, 우리나라 하루 소비량을 수송할 수 있다.

이 펀드에 투자할 경우 7년 만기 고정금리로 연 6.5%의 배당금을 3개월마다 받을 수 있으나 7년 동안 자금이 묶이는 단점이 있다. 이것을 해결하기 위해서 증권시장에 상장되기는 하지만 거래가 잘 이루어지지 않아 환금성은 떨어진다. 배당수익에 대해 투자자금 3억 원까지 비과세이며 3억 원을 넘는 투자금에 대해서는 분리과세를 신청할 수 있어 금융소득이 많은 거액 투자자들에겐 매우 유리하다.
　선박 펀드의 장점은 리츠와 같은 부동산 간접투자 상품보다 경기변화에 따른 리스크가 적고 수익률이 안정적이라는 점이다.
　그렇다고 전혀 투자위험이 없는 것은 아니다. 선박사고가 발생하면 투자원금이 훼손될 수도 있다. 또한 선박을 빌린 해운회사의 부도 등으로 인해 배를 중도에 매각해야 할 경우나 만기 때 선박 처분에 따르는 위험요소가 없는지도 따져봐야 하고, 선박을 빌린 해운회사가 용선료를 제대로 지급할 수 있는 곳인지도 알아보아야 한다.

정부의 부양조치를 활용하라

"정부가 세제혜택을 가미한 주식형 펀드를 내놓으면 주가가 바닥 수준에 근접했다는 신호"라는 속설이 있다. 그래서 세제혜택이 있는 주식형 펀드는 초기에만 투자한다면 고수익이 보장된다고도 한다. 정부는 지난 2001년 10월 허용한 장기증권저축 펀드의 만기가 다가오고 주식시장이 다시 침체의 늪을 헤어나지 못하자 또 다른 비과세 주식형 펀드를 인가해주었다.

장기증권저축 펀드와 다른 점은 가입금액의 5.5~7.7%에 달하던 세금환급 혜택이 없는 대신 비과세 한도를 5,000만 원에서 8,000만 원으로 높였다는 것이다. 세금환급 혜택이 없는 비과세 주식형 펀드는 장기증권저축 펀드보다 메리트가 적기 때문에 얼마나 팔릴지는 미지수다.

평균 주식편입 비율이 60%인 주식형 펀드에 8,000만 원을 투자했을 때 내야 되는 세금은 연간 40만 원(주식 시가배당률 2.2% 추정)에 불과하다. 비과세 외에 첫 해에만 최대 275만 원을 환급받을 수 있었던 장기증권저축 펀드에 비하면 세금혜택이 형편없다. 그러나 비과세 주식형 펀드에 대한 속설처럼 수익률만 높다면 혜택이 적더라도 환영받는 상품이 될 것이다.

펀드의 투자수익률은 가입시점이 가장 중요하다. 지난 2000년 12월 근로자주식저축 펀드가 일제히 판매될 당시 종합주가지수는 500~530선이었다.

6장

연령대별 펀드 투자

자신의 상황에 맞는 재무설계

점차 심화되어가는 저금리 구조와 고령화 사회로 접어들면서 노후 대비 생활자금을 준비하기 위해서는 보유자산에 대한 체계적이고 지속적인 자산관리가 필요하게 되었다. 이를 해결하기 위해서는 현재의 경기상황에 적합한 펀드 투자를 통한 재무설계를 해야 할 것이다.

재무설계란 무엇인가

몸이 아프면 병원에 찾아가서 전문가인 의사의 진찰을 받고 그 지시에 따라 행동해야 한다. 마찬가지로 보유하고 있는 자산을 효율적으로 관리하기 위해서는 전문가인 자산관리사를 방문하여 자신의 재무상태와 앞으로 자금소요 계획 등을 설명하고 자신에게 적절한 상담을 받는 것이 필요하다.

종합자산관리란 전 생애에 걸쳐 자신이 바라는 생활양식에 적합한 자산관리의 목표를 설정하고, 이를 달성하기 위한 자산관리 계획을 수립하여 실행해나가는 과정이다. 이를 위해 개인의 투자목적, 투자기간, 투자 제약요건, 위험 수용 정도 등을 종합적으로 고려하여 개인의 자산을 배분하고, 그에 적합한 구체적인 투자상품을 선정하여 운용하는 과학적이고 체계적인 과정이라고 할 수 있다.

재무설계는 왜 필요한가

우리는 급변하는 경제적·사회적 환경에도 불구하고 노후까지 비교적 안정된 생활양식을 유지하기를 바란다. 이러한 안정적인 생활에 대한 기본적인 욕구를 충족하기 위해 체계적인 재무설계가 필요하게 된 이유는 무엇인가?

첫째, 실질적인 마이너스 금리 시대에 살고 있기 때문이다.

중년 이후 50대 중반에 퇴직한 근로자들이 과거에는 퇴직금 등 그동안 모은 재산으로 어느 정도 여유 있는 노후생활을 영위할 수 있었다. 그러나 지금은 저축금리인 4% 미만의 명목금리보다 물가상승률이 더욱 높기 때문에 실질금리는 마이너스가 되어 보유자산의 가치는 그만큼 떨어지게 된다.

이처럼 은행 이자로는 생활을 유지하기가 어려우므로 전문가의 자문을 얻어 보다 체계적인 투자를 해야 보유자산에 대한 실질가치를 유지할 수 있다.

둘째, 전 생애에 걸친 체계적인 소비활동을 위해서이다.

대부분 가계소득은 전 생애에 걸쳐 각 연령대별로 발생하는 소비지출을 제대로 감당할 수 있을 정도로 충분하지 않다. 연령대에 따라 결혼자금, 주택마련 자금, 자녀 교육비용, 자녀 결혼준비 자금, 노후안정 생활자금, 해외여행 경비 등이 필요하다.

또한 신혼기에서 중년기로 접어들면 점차 소득이 증대하고 노년기에는 소득이 점차 감소하여 나중에는 전혀 없어지게 된다. 따라서 생애 각 단계별로 라이프 플랜을 세워 소득과 소비지출을 맞추어가면서 생활해야 한다.

셋째, 미래의 예상치 않은 자금이 소요될 위험에 대비해야 한다.

우리의 일상생활에서 미래에 당할 수도 있는 화재나 도난, 불의의 사고 등으로 인해 대규모 자금이 소요되거나, 실업이나 질병으로 인한 예상외 자금의 필요성 증가에 대비하기 위해 평상시 철저한 자산관리가 필요하다.

넷째, 급변하는 사회·경제적 제반 환경에 적응해야 한다.

최근 금융소득 종합과세제도가 도입됨에 따라 비과세 저축상품 및 분리과세 상품에 대한 선호도가 높아졌다. 그리고 금융 자유화에 의한 외국 금융기관의 국내 진입과 국내 금융기관간의 업무영역의 철폐 및 경쟁 강화, 간접투자 운용대상 자산의 범위가 확대됨에 따라 펀드 상품이 다양화되고 있다.

가장 심각한 것은 고령화 사회의 진전이다. 현재 우리나라의 65세 이상의 고령인구는 8%대에서 2010년에는 11%대, 2020년에는 15%대까지 증가할 전망이다. 더구나 앞으로의 사회는 노인 스스로 자기 생계에 대한 경제적 자립을 책임져야 하기 때문에 이에 대비한 철저한 자금관리 계획이 필요하다.

재무설계의 목표는 무엇인가

재무설계의 가장 기본적인 목표는 첫째, 개인의 소득증대를 위해서이다.

인간은 자신이 원하는 여유 있고 아름다운 생활을 위해 소득과 부를 증대시키고자 한다. 그런데 이러한 부의 증대는 소득의 증대를 통하여 달성될 수 있으며, 소득증대는 어떤 투자대상 자산을 선정하느냐에 따라 결정된다. 투자대상 자산의 선정은 자신의 취향, 생활 스타일, 위험 선호 정도에 따라 각자 다르게 형성될 것이다.

둘째, 효율적인 소비생활을 실천하기 위해서이다.

우리는 보유하고 있는 자산을 소비와 저축(투자)을 통해 사용한다. 소비란 현재의 효용을 위해 돈을 지출하는 것이며, 저축(투자)이란 미래의 효용을 위해 현재의 소비욕구를 억제하는 것이다. 따라서 보다 효율적인 생활을 통해 현재의 소비를 줄이면 미래를 위한 저축(투자)부분을 증대시킬 수 있다.

셋째, 인생의 각 단계별로 안정적인 경제생활을 유지하기 위해서이다.

우리는 각자 자신의 라이프 플랜에 따라 연령대별 자금의 수요 패턴과 규모가 다르다. 보다 체계적이고 과학적으로 자산관리 계획을 수립하여 단계별 자금흐름을 원만하게 함으로써 경제생활의 안정을 달성할 수 있다.

넷째, 미래 노후생활을 위해 필요한 부를 축적하기 위해서이다.

노후에는 은퇴로 인해 소득이 적어진다. 이때 안정된 노후생활을 하기 위해서는 지속적으로 자금이 유입되어야 하고, 이를 위해선 젊은 시절부터 철저한 자산계획을 수립해야 한다.

재무설계는 어떻게 하는가

...재무목표 설정

체계적인 자산관리의 가장 기본적인 단계는 개인의 막연한 여러

> 제1단계 : 재무목표 설정
> 제2단계 : 자산별 투자기간 설정 및 투자 제약요인 분석
> 제3단계 : 투자 위험성향 분석
> 제4단계 : 자산배분 및 투자지침서 작성
> 제5단계 : 투자전략의 지속적인 실행
> 제6단계 : 투자성과 측정 및 계획 수정

가지 재무목표들을 구체적으로 파악하여 그 목표를 단계별로 구체적으로 설정하는 데 있다.

각 재무목표별 소요기간과 금액을 구체적인 수치를 사용하여 파악해야 하며, 이때 계획된 재무목표가 실현되지 않고 현재의 상황이 그대로 유지될 가능성도 생각해야 한다.

…자산별 투자기간 설정 및 투자 제약요인 분석

자산별로 투자기간을 설정할 때는 기본적인 경제변수를 고려하여 투자기간별로 유효한 금융자산을 선정해야 한다. 미국의 해럴드 이븐스카이(Harold. R. Evensky)는 저서 《부의 매니지먼트(Wealth Management)》에서 미국의 경기순환 주기를 감안하여 포트폴리오를 구성할 때 투자기간을 5년 정도로 할 것을 권유했다.

우리나라의 경기순환 주기는 1972년부터 1998년 8월까지 조사한 결과 평균적으로 경기확장기가 34개월, 수축기가 18.8개월로서 확

경기순환별 금융자산 가치

경기순환	회 복 기	활 황 기	후 퇴 기	침 체 기
금리	상승	고점 횡보	하락	저점 횡보
채권	하락	저점 횡보	상승	고점 횡보
주식(선행)	상승	상승 후 횡보	하락	하락 후 횡보
부동산	상승	횡보	하락	횡보

투자 제약요인

- 특정 자산군의 보유비율 제한(주식투자 회피)
- 추가적인 세금신고 회피(종합소득세 과세대상 회피)
- 포지션 변경 불가 자산(매월 생활비 지출을 위한 정기적 이자지급 상품)
- 특정 자산군 선호(예금자보호법 적용대상 상품 선호)
- 특정 상품 가입자격 제한(노령자·장애자 우대, 비거주자는 비과세 상품 불가)
- 투자원금 손실 비율 제한(일정 비율 손실 제한 운용)

장기간이 수축기간에 비해 2배 정도 긴 것으로 나타났다. 반드시 이를 감안하여 투자자산의 유형이나 기간을 결정하는 것이 좋다.

또한 투자 제약요인으로 개인의 투자자산에 대한 세금문제, 법률적 제약조건, 투자자산의 선호도, 직업의 안정성과 현재의 재무상태 등을 파악해야 한다.

이때 개인의 상속 가능한 재산의 규모에 따라 상속세, 또는 종합소득세 신고 의무 등이 있을 때는 절세(면세)형 자산을 선호할 수 있다.

...개인별 투자위험 성향 분석

투자위험에 대한 개인적인 성향을 분석하는 것은 그리 간단한 문제가 아니다. 왜냐하면 투자에 대한 개인의 정서는 투자환경이 바뀌면 금방 변해버리기 때문이다.

해럴드 이븐스카이의 "고객들은 리스크가 실제로 닥치면 과거의 계획은 잊어버리게 된다"라는 말은 개인이 투자를 결정한 뒤 손실이 발생했다면 더 큰 손실의 두려움을 회피하기 위해 리스크를 설정하지 않은 상태, 즉 위험 허용도를 제로(0)화하려는 경향이 있다는 뜻이다.

따라서 자산관리 전문가에 의한 종합자산관리가 이루어져야 처음에 계획한 대로 위험관리에 일관성을 유지할 수 있다.

투자위험 성향 분석

위험허용 성향	위험	기대수익률	유동성 자산	채권형	주식형	대체투자형
매우 보수적	1.64	5.2	20.0	60.0	5.0	15.0
보수적	2.75	6.84	20.0	50.0	40.0	20.0
중립적	4.1	8.5	10.0	40.0	20.0	30.0
공격적	5.6	12.7	5.0	25.0	30.0	40.0
매우 공격적	10.6	20.9	5.0	30.0	40.0	25.0

*위험은 표준편차(σ)를 말하며, 나머지는 %로 표시한다.

…자산배분 활동

앞 단계에서 검토했던 개인의 재무목표, 투자기간 등의 제약요인, 투자위험 수용 성향을 분석한 후 개인에게 적절한 자산군을 배분하고 구체적인 투자상품을 선정해야 한다.

이때 투자를 결정하는 중요한 요소로서 자산배분, 종목선정, 시장 타이밍 등을 생각할 수 있다. 실제 미국의 최대 투자회사인 메릴린치 증권에서는 장기 잠재수익을 결정할 때 그 결정요인을 자산배분(91.5%), 종목선정(4.6%), 매매 타이밍(1.8%), 기타(2.1%) 순으로 판단하고 있다.

여기서 매매 타이밍은 상당한 전문가라도 정확하게 맞추기가 어렵다. 만약 매매 타이밍을 제대로 맞추지 못할 경우 무위험 자산에 투자하는 것과 거의 같은 수익률로 생각할 수 있다.

투자자산군별 세부상품 분류

자산군 구분	세 부 상 품
유동성 자산	MMF, MMDA, CMA, CD, 현금성 예금, 3개월 미만 정기예금
주식형 자산	개별 주식, 주식형 펀드
채권형 자산	개별 채권(신종채권 포함), 채권형 펀드
대체투자형 자산	주가지수 연계 채권(ELS), 환율·금리 연계 예금 및 채권

…투자전략의 지속적 실행

1단계에서 4단계까지의 투자전략을 일관성 있게 실행해야 한다. 특히 원금손실이 발생했을 때는 불안감이 높아져서 계획의 실행을 주저하는 경우가 있다. 따라서 고객의 불안감을 이해하고 투자전략 도출과정을 다시 한 번 재확인시켜야 한다.

…투자성과 측정 및 계획 수정

투자성과 측정은 투자에 대한 성과를 지속적으로 측정하고 투자계획에 대한 수정이나 금융환경의 변화에 따른 포트폴리오 재수립을 점검하는 과정이다. 이때는 전문가의 판단에 따른 경제동향을 고려한 자산배분 전략뿐만 아니라 편입된 개별 상품별 위험도 고려해야 한다.

연령대별 펀드 투자

연령대별 재무계획의 필요

투자를 실행하기에 앞서 종합적인 자산관리 대상이 되는 자금의 성격과 용도, 규모뿐만 아니라 자신이 감당할 수 있는 위험의 정도 등을 감안하여 이에 적합한 자산을 투자대상으로 결정해야 한다.

특히 자산관리의 목적은 각 세대별 연령층에 따라 지향하는 방향이 다를 것이다. 30대에는 주택마련 자금과 자녀 양육자금이 목표가 될 것이며, 40대에는 가족들의 주택확장 자금, 자녀 교육자금이 필요하고, 50대에는 안정된 생활자금과 자녀 결혼자금, 60대에는 안락한 노후를 위한 노후 생활자금과 예기치 못한 상황에 대비한 긴급자금의 보유가 그 목표가 될 것이다.

…라이프 사이클별 재무관리 목표

개인에게 있어서 가장 효율적인 자산관리는 라이프 사이클에 근거하여 본인 및 가족에게 가장 적절한 자금계획에 따라 목표를 결정하는 것이다.

다음은 우리나라 중산층의 가장 보편적인 라이프 단계별 재무목표를 예시해본다.

일반적으로 재무설계의 대상으로는 은행 예금, 채권과 신종채권, 주식 및 간접투자 자산(수익증권과 뮤추얼펀드), 보험과 부동산(부

라이프 단계별 재무목표

라이프 단계	주 요 재 무 목 표
제1기 독신, 신혼기(25~29세)	결혼준비금, 레저자금, 주택마련 자금 준비 (세금우대 상품, 근로자우대 상품, 주택청약부금)
제2기 가정형성기(30~39세)	출산·양육비용, 교육비용, 주택마련 자금 준비 (투자상품, 보험가입, 부동산 상품 관심)
제3기 가족성장기(40~49세)	교육비용, 주택확장 자금, 노후자금 준비 (자산증식을 위한 투자상품 최대 활용)
제4기 가족성숙기(50~59세)	자녀 결혼자금, 노후자금 활용의 설계 (목돈지출 대비, 투자자금 장기 운용)
제5기 노년기(60세 이후)	제2의 사회참여 및 해외여행 등에 필요한 자금 (안정적 생활자금 필요, 증여나 상속 관심)

동산 펀드), 나아가 실물자산에 대한 투자를 생각할 수 있다.

개인의 자금규모나 투자성향에 따라 다양한 투자자산을 선택하게 되는데, 이때는 안정성과 수익성, 유동성(환금성) 등을 고려하여 개인별 포트폴리오를 구성하여 투자해야 한다.

특히 중요한 사항은 금융기관과 상품별 특성 및 세금 관련 문제도 충분히 이해한 후 그 운용대상 자산과 구체적인 운용상품을 결정해야 하는 것이다.

...연령대별 펀드 활용

1) 20대 직장인(사회초년생)

학창시절을 마친 사회 초년생으로 자신이 번 돈으로 자칫하면 소비유혹에 빠질 수도 있으며, 철저한 계획으로 저축의욕이 왕성할 수도 있다.

자신의 인생목표에 맞추어 비과세 혜택이 있는 주택청약저축에 가입하고 결혼자금을 모으기 시작하는 것이 좋다. 특히 신용카드는 연말정산 소득공제를 위해 사용을 생활화해야 할 것이다.

▶재무설계 기본 수칙
- 구체적인 인생목표 설계
- 전문가의 조언이 필요
- 실적배당 상품 활용
- 신용카드 사용 생활화(소득공제)

▶비과세 상품 활용을 생활화

이 시기에는 장기주택마련저축이 가장 유리하다. 이 펀드는 주로 안전한 채권에 투자하며, 펀드에 따라서 주식비중이 높은 펀드도 있다. 그리고 비과세 혜택과 소득공제 혜택이 부여되므로 실질수익률은 10%를 초과하여 사회 초년생인 20대에게 더욱 유리한 펀드이다.

또한 매년 연말정산에 대비해 모든 경비지출은 비과세 혜택과 연관지어 생활하는 것이 좋다. 각종 근로자우대 상품이나 신용카드의 사용 및 연금형 펀드 등에 가입하여 세금 또는 소득공제의 과세혜택을 최대한 이용하면 연말정산 때 커다란 혜택을 받을 수 있다.

▶구체적인 사례(연소득 3,000만 원, 나이 28세)
- 장기주택마련저축(비과세) : 매월 50만 원
- 근로자우대 상품(비과세 펀드) : 매월 50만 원
- 개인연금형 펀드(소득공제) : 매월 30만 원
- 보장성 보험 : 매월 10만 원

2) 30대 직장인(맞벌이 부부)

30대는 결혼을 하고 새로운 가정을 만드는 가족형성기이다. 자녀교육, 내집마련, 노후대책 등 여러 가지 재무목표에 맞도록 포트폴리오를 구성해야 한다. 이 시기는 여러 가지 자금소요가 많은 시기이므로 절약을 생활화해야 한다. 대출금은 반드시 상환하고 자녀 학자금 등을 위해 각종 비과세 내지 세금우대 또는 소득공제되는 금융상품이나 인덱스형 적립식 펀드를 선택해야 한다.

그리고 퇴직 후의 생활보장을 위해 연금형 펀드에 가입하여 꾸준히 불입하는 것이 좋다. 보험은 저축성 보험보다는 보장성 보험에 가입하는 것이 좋으며 부부계약으로 종신보험에 가입하면 개별 가입보다는 보험료를 절약할 수 있다.

또한 여유자금이 있다면 1/3 정도는 주식형 펀드에 투자하는 것도 고려한다. 세액공제도 받을 수 있는 근로자주식저축에 가입하여 증권시장 상황에 따라 3년 이상 장기로 적립식 펀드(인덱스 펀드 또는 스팟 펀드)에 투자하는 것도 고려해볼 수 있다.

그리고 이 시기에는 유사시에 대비하여 월급의 3개월분 정도의 유동성 자금을 확보해두는 게 좋다. 이때는 이자가 높고 유동성이 있는 상품(MMF)에 투자한다.

▶재무설계 기본 수칙
- 총 소득의 50%를 저축
- 카드결제의 습관화
- 장기 투자형 상품을 선정, 활용
- 소득공제 상품 이용

▶구체적인 사례(연소득 5,000만 원, 나이 38세)
- 장학적금 : 월 20만 원
- 주택청약예금(비과세) : 월 50만 원
- 연금형 펀드(소득공제) : 월 50만 원
- 적립식 주식형 펀드 : 월 50만 원
- 부부간 종신보험(소득공제) : 월 20만 원

3) 40대 중년 가장

　인생에 있어서 40대는 안정된 가정생활을 바탕으로 가장 왕성한 사회활동을 할 수 있는 재산증식의 시기이다. 이때는 보다 성숙한 포트폴리오를 구성하여 노련한 재테크 능력을 구사해야 하며, 은퇴 후의 노후문제도 보다 적극적으로 검토해야 한다. 자녀 교육비 지출의 증대, 주택의 확장 이동, 노후자금 마련, 예상외 질병 대비 등 다양하고 세밀한 준비가 필요하다.

　이때는 약간의 위험도 관리해야 하므로 여유자금의 일부분은 혼합형 펀드에 가입한다. 만약 국내시장이 좋지 못할 경우 해외 펀드에 가입하는 것도 고려할 수 있다.

　따라서 현재의 보유재산 상황과 예정된 고정수입, 그리고 예상 지출자금을 다시 한 번 검토하여 재무설계를 재수립해야 한다. 이 모든 계획은 전문가와 상의하여 결정하는 것이 보다 현명한 생활자세이다.

▶재무설계 기본 수칙
- 향후 예상 수입·지출 대비 점검
- 자녀 교육비 적극 대비
- 금융소득 종합과세 의식
- 퇴직 후 생활자금 준비

▶**구체적인 사례(여유자금 1억 원의 운용)**

① 투자성향이 보수적일 경우

투자위험이 낮은 혼합형 펀드에 3,000만 원, 부동산 펀드에 3,000만 원, 나머지 4,000만 원은 차익거래 펀드나 펀드 오브 펀드에 가입한다.

② 투자성향이 공격적일 경우

어느 정도의 위험을 감수하더라도 시장수익률 이상의 수익을 원하는 경우에는 3,000만 원은 혼합형 펀드에, 3,000만 원은 부동산 펀드에, 나머지 4,000만 원은 엄브렐러 펀드에 투자하여 포트폴리오를 구성한다.

혼합형 펀드는 안정성이 있는 우량 채권이 포함된 펀드에 가입하고, 부동산 펀드는 운용실적이 검증된 운용회사의 펀드에 가입하며, 엄브렐러 펀드는 시황에 따라 주식형, 채권형 또는 부동산 펀드 등의 하위 펀드가 있는 펀드로서 전문가와 상의하여 시황의 변화에 민감하게 대처할 수 있어야 한다.

4) 50대 은퇴 준비자

50대는 은퇴에 대비하여 현재까지의 재산으로 노후생활을 준비해야 하는 시기이다. IMF 이후 고용불안과 저금리 현상으로 노후를 대비해야 하는 50대에게는 상당히 불안한 상황이 야기될 수도 있다. 새로운 사업에 과감하게 도전하기보다는 안정성 위주의 생활계획을 설계하는 것이 현명하다.

이때 유의할 점은 첫째, 수익성의 다변화 전략이 필요하다. 또한 여유 있게 취미생활을 즐기기 위해서는 약간의 유동성을 확보하고 있어야 한다.

둘째, 보유하고 있는 부동산을 잘 활용해야 한다.

한국 가정에서는 보유 부동산의 가치가 전체 재산의 절반 이상을 차지하고 있는 것이 현실이다. 부동산도 과거처럼 보유만 해도 가치가 상승하는 시대는 지났다. 따라서 지금까지와는 다른 관리방식을 선택하여 실효수익률, 즉 세후수익률을 높이는 방향으로 전환해야 할 것이다.

셋째, 분산투자의 원칙을 준수해야 하며 자금의 장단기 운용계획도 수립해야 한다.

특히 현재와 같은 저금리 추세 속에서는 장기 상품에 관심을 가져야 한다. 투자신탁의 후순위채권 펀드, 부동산 관련 신탁상품 등이 있다. 최근에 나온 원금보전형 펀드도 생각보다 안전한 상품이다. 운용기간이 3~5년인 장기 안정형 주식형 펀드에도 관심을 가지자. 주식의 직접투자는 절대 피하고 다양한 펀드를 이용하는 것이 좋다.

▶재무설계 기본 수칙
- 보유재산 관리 및 향후 예상 수입·지출을 점검
- 수익성 다변화 및 안정자금 확보 계획

- 새로운 정보에 대한 계속적인 접근 노력
- 퇴직 후 생활 준비

▶**구체적인 사례(여유자금 2억 원의 운용)**

① 투자성향이 보수적인 경우(무직자)

이 경우는 투자위험이 낮은 원금보전형 펀드에 5,000만 원, 펀드오브 펀드에 3,000만 원, 부동산 펀드에 3,000만 원, 그리고 4,000만 원은 주식형(인덱스 펀드) 및 해외 뮤추얼펀드에 가입하고 나머지 1,000만 원은 MMF에 가입하여 유동성에 대비한다.

② 투자성향이 공격적인 경우(직업이 있는 경우)

어느 정도의 위험을 감수하더라도 시장수익률 이상의 수익을 원하는 경우이므로 5,000만 원은 혼합형 펀드에, 5,000만 원은 주식형(인덱스형) 펀드에, 그리고 5,000만 원은 부동산 펀드에, 나머지 5,000만 원은 엄브렐러 펀드에 투자하는 포트폴리오를 구성한다.

5) 60대 정년 퇴직자

60대가 된 퇴직자는 기존에 투자한 자산의 만기가 돌아오면 가능한 한 안정적인 연금형 상품에 가입하여 일상적인 생활비를 확보하고, 나머지 금액은 노인우대 또는 세후수익률을 높일 수 있는 상품에 투자한다.

금융기관의 전문가(FP)와 자주 상담하여 노인우대나 면세 및 절세상품을 이용하는 요령도 익혀두어야 한다. 또한 이 시기에는 자산구성을 지나치게 복잡하게 하는 것은 피해야 한다.

▶재무설계 기본 수칙
- 안정적 보유재산 관리
- 노인을 위한 복지정책에 관심
- 매월 안정적인 수익 확보
- 면세 및 절세전략에 관심

▶구체적인 사례
① 안정적인 투자성향

확정금리부 상품 위주로 포트폴리오를 구성한다. 보유자산의 절반 정도는 장기 우대형 상품에 가입한다. 너무 단기적인 상품운용은 수익률이 낮으므로 피한다. 그러나 매월 생활비를 정기적으로 받을 수 있는 세금우대 연금형 상품이나 채권형 펀드에 1/2 정도 투자한다.

또한 배우자를 포함해 생계형 상품이나 원금보전형 주식형 펀드에도 1/3 정도를 가입하여 가능한 한 세금을 줄이도록 노력해야 한다. 그리고 보유자산의 10% 이내는 MMF 등 단기 금융상품에 가입하여 유동성에 대비해야 한다. 이때에도 반드시 자산운용 전문가와 상의하여 관리한다.

② 실적배당형 투자성향

저금리 시대를 이겨내기 위해서 어느 정도의 위험을 감수하고 보다 고수익을 기대하지만 지나치게 공격적인 자세는 피해야 한다. 실적배당형 상품이라도 원금이 보존되거나 안정성이 있는 상품에 투자한다.

우선 생활비 조달을 위해 연금형 또는 채권형 펀드에 1/3을 투자한다. 그리고 배우자 포함 생계형 또는 노인우대 상품에 1/3, 부동산 투자신탁이나 주식형 수익증권(인덱스형)에 1/3 정도를 가입하되, 유동성을 위해 일부는 MMF에도 가입한다.

이상에서 살펴본 연령별 재산운용 사례는 개인별 재산상태, 경기 순환 상황, 앞으로의 시중 자금사정과 금리수준 등에 따라 계속 수정·보완해야 한다. 또한 이러한 여러 가지 상황을 감안하여 개인별 성향에 따라 달리 적용될 수 있을 것이다. 그러므로 전문가를 찾아 구체적인 상담을 하면 보다 안정되고 유리한 재테크 정책을 수립할 수 있을 것이다.

7장

펀드 관련 주요 금융제도

예금자보호제도

예금자보호제도의 의의

IMF 체제 이후 그 동안 누적된 금융기관의 부실을 현실화하는 과정에서 금융기관의 통폐합이 진행됨에 따라 금융기관의 안정성이 금융상품 선택에 가장 중요한 요소로 부각되었다.

투자자들은 금융기관이 파산할 경우 입게 될 손실을 우려하여 극소수의 초우량 은행에만 자금이 집중되었고, 이로 인해 다른 금융기관은 자금조달 능력을 잃는 등 가계자금의 산업 자금화라는 금융기관 고유의 기능에 큰 문제점이 야기되었다. 이를 해결하기 위해 등장한 제도가 예금자보호제도이다.

예금자보호제도는 금융기관이 파산 등으로 지급불능 상태인 경우

예금보험공사가 금융기관을 대신하여 예금주에게 지급하는 제도이다. 금융기관이 영업정지나 파산 등으로 고객의 예금을 지급하지 못하는 경우, 예금자는 물론 전체 금융질서의 안정에 큰 영향을 주어 국가 경제 전체가 혼란에 빠질 우려가 있다.

이러한 사태를 미연에 방지하고 금융제도의 안정성을 보장하기 위한 제도가 예금자보호제도이다. 우리나라는 2000년 12월까지는 예금의 전액을 보장했으나, 금융기관의 도덕적 해이를 예방하고 시장원리에 의한 금융 구조조정 작업을 지원하기 위해 2001년부터 부분지원 제도로 바뀌어 현재까지 운용되고 있다.

예금자보호제도의 주요 내용

…예금보험제도의 의의

예금보험제도는 금융기관으로부터 보험료를 받아 기금을 적립한 후 금융기관의 파산 등으로 인해 예금을 지급할 수 없는 경우 금융기관을 대신해서 예금을 지급하는 제도이다.

금융기관이 납부한 예금보험금만으로 예금을 지급할 재원이 부족할 경우에는 예금보험공사가 예금보험기금 또는 예금보험기금 상환채권을 발행하는 등의 방법으로 재원을 조성하여 예금을 지급하게 된다. 예금보험에 가입한 곳은 은행과 농·수협중앙회 및 지구별 수협, 외국 은행 지점 등이다.

...주요 내용

- 금융기관별 예금의 종류와 관계없이 1인당 원리금 합계가 세전 5,000만 원까지 보장되는 부분보장 제도이다. 따라서 가족간에 분산 예금을 할 경우 보장범위가 더욱 커진다.
- 보장한도는 금융기관별로 별도 적용된다. 즉 거래은행이 여러 은행이면 각 은행별로 보장한도가 세전 5,000만 원이다.
- 예금의 종류와 관계없이 정부, 지방자치단체, 한국은행, 금감원 및 부보금융기관의 예금은 보호되지 않는다.

...보호 제외 금융기관

- 투신사 상품은 은행의 실적배당형 신탁상품과 같이 저축이 아닌 투자이므로 보호대상이 아니다. 그러나 고객의 예탁자산은 수탁기관에서 별도로 관리되므로 고유자산의 부실과는 별도로 안정성이 유지된다.
- 농·수협의 단위조합과 새마을금고는 보호대상이 아니지만 중앙회 차원에서 5,000만 원까지 보호하고 있다.
- 채권에 투자할 때는 보증보험회사의 안정성보다는 발행기업의 안정성을 우선적으로 고려해야 한다. 보증보험이 정부의 보호대상에서 제외되었기 때문이다. 따라서 발행기업의 안정성을

파악하기 위해 무보증회사채는 신용평가기관의 회사채 신용평가를 받아야 한다. 국내 신용평가기관은 회사채 신용등급을 AAA에서 D까지 총 10등급으로 나누어 발표하고 있으며, BBB 이상이면 투자 가능 등급이라 할 수 있다.
• 기업 어음은 신용등급을 A1에서 D까지 6개 등급으로 구분하여 발표하고 있으며, A3 이상이면 투자 가능 등급이라 할 수 있다.

...예금자 보호대상 예금의 종류

금융기관에 예치된 예금이 기본적인 보호대상이다. 그러나 외화예금, 양도성 예금증서(CD), 개발신탁, 은행 발행 채권, 1998년 7월

각 금융기관별 예금자 보호대상 상품

구 분	보호대상 상품	보호 제외 상품
은행 농·수협중앙회	예금, 적금, 부금, 표지어음, 원본보전 신탁	외화예수금, 은행 발행 채권, CD, 실적배당 신탁, 농수협 공제상품
증권사	고객 예탁금, 증권저축	수익증권, 예수금, 증권사 회사채 유통금융 대주담보금,
보험사	개인보험, 법인 퇴직보험	법인보험, 보증보험 증권
종금사	발행어음, 표지어음, 보증어음, 어음관리 계좌	외화차입금, 일반매출 어음 (담보부배서 매출어음은 보호)
상호신용은행	예금, 계금, 부금, 적금, 표지어음	무담보 매출어음, 외화차입금, RP, 종금사 발행 채권
신용협동조합	출자금, 예탁금, 적금	공제상품

24일 이전의 환매조건부 채권(RP), 퇴직보험 계약을 제외한 법인의 보험 계약, 1998년 7월 31일 이전에 체결된 보증보험 계약, 청약자 예수금, 유통금융 대주담보금은 보호대상이 아니다.

신용평가제도

신용평가의 의의

신용평가제도란 독립된 신용평가기관이 기업의 재무적 상황과 경제적 상황 등을 판단하여 채권의 발행기업이 원금과 이자를 발행할 때 약정한 대로 상환할 수 있는 능력의 정도를 판단하는 지표로 사용할 수 있도록 하는 제도이다.

일반적으로 간단한 기호나 문자로 불특정 다수인에게 고지하여 발행채권의 안정성을 나타낸다.

이 제도는 국내에서는 IMF 외환위기 이후 무수한 기업이 부도로 무너지면서 일반인들에게 더욱 알려지게 되었다. 특히 외환위기로 말미암아 국내 금융기관과 기업의 외자도입이 불가능해지면서 국제적 신용평가기관인 S&P, MOODY'S, FITCH-ICBA와 같은 기관이 부여하는 신용등급은 국가는 물론 기업들의 외채 조달금리뿐만 아니라, 그 가능 여부를 결정하는 중요한 변수로서 영향을 미치게 되었다.

국내에서도 신용평가의 결과에 따라 채권 발행금리뿐만 아니라 주가에까지 민감하게 반응하여 움직이고 있다.

신용평가의 중요성

신용평가제도는 기업의 채무상환 능력을 객관적이고 공신력 있는 기관이 평가하여 공시함으로써 기업에 관한 정보의 비대칭성을 제거해주므로 금융시장의 활성화에 기여한다.

투자자에게 기업의 채무상환 능력에 관한 제반 정보를 제공해주어 안심하고 그 기업에 투자할 수 있으며, 발행기업의 입장에서는 기업의 신용 정도에 따라 객관적인 평가기준에 의해 그에 상응하는 금리를 지불하고 자금을 효율적으로 조달할 수 있게 되었다.

한편 국가적 차원에서는 시장원리에 입각한 평가기준이 확립되어 금융시장의 안정적 성장, 나아가 국가경제의 안정적 발전에 기여할 수 있게 되었다.

상품별 신용등급 기준

...기업 어음

 기업이 어음(CP)을 발행하여 금융기관으로부터 단기 자금을 조달하고자 하는 경우 신용평가기관으로부터 기업 어음에 대한 신용평가를 받아야 한다.

 기업 어음의 신용등급은 신용도에 따라 A1에서부터 D까지의 6개의 등급으로 구분되어 있다.

 A1에서부터 A3까지는 적기 상환능력이 인정되는 투자 가능 등급이며, B와 C는 환경변화에 따라 적기 상환능력이 영향을 받을 수 있는 투기등급으로 분류된다. 그리고 D는 원금과 이자가 지급불능 상태인 기업을 나타낸다.

 또한 발행회사는 신용등급에 따라 어음발행 적격 여부는 물론이

기업 어음의 신용평가 등급

등급	상환능력
A1	적기 상환능력이 최상이다.
A2	적기 상환능력은 우수하지만, A1에 비해 다소 떨어진다.
A3	적기 상환능력이 양호하지만, 급격한 환경변화에 따라 영향을 받는다.
B	적기 상환능력은 인정되지만, 투기적 요소가 내포되어 있다.
C	적기 상환능력에 투기적인 요소가 크다.
D	지급불능 상태이다.

고 발행금리도 결정된다.

…회사채

채권에 투자할 때는 보증기관의 안정성보다도 발행회사의 안정성 여부를 우선적으로 검토해야 한다. 회사채의 신용등급은 채권의 발행과 투자자들이 투자기준으로 활용되고 있으며, 시가평가 펀드의 평가기준으로도 활용되고 있다.

국내 신용평가 등급은 원리금 지급능력의 정도에 따라 AAA부터 D까지 10등급으로 분류한다. BBB 이상은 투자 가능 등급이며, BB부터 C까지는 투기등급으로 분류되고 있다.

국내 신용평가기관으로는 한국신용평가(주), 한국신용정보(주), 한국기업평가(주) 등이 사채의 평정을 담당하고 있다.

외국의 MOODY'S 의 평정은 최상급의 사채를 Aaa로 하고 Aa, A, Baa, Ba, B, Caa, Ca, C로 하여 9등급으로 분류하고 있으며, S&P의 등급은 다음 표와 같이 10등급으로 분류하고 있다.

국내의 한국신용평가(주)에서 사용하는 평가등급도 다음 표와 동일하다.

일반적으로 채권시장에서는 AAA등급에서 BBB등급까지의 채권을 채무 불이행의 가능성이 낮은 안정적인 채권, 즉 투자 적격 채권으로 분류한다.

BB 이하의 채권은 채무 불이행의 가능성이 높은 채권, 즉 투자 부

사채의 신용평가 등급

등급	등급의 내용
AAA	원리금 지급능력이 최상급이다.
AA	원리금 지급능력은 우수하지만 AAA 채권보다는 다소 낮다.
A	원리금 지급 확실성은 높지만 환경의 악화에 따른 영향을 받기 쉽다.
BBB	원리금 지급 확실성은 인정되지만 여건악화에 따라 저하될 가능성이 있다.
BB	원리금 지급 확실성은 문제없지만 미래 안정성은 투기적인 요소가 있다.
B	원리금 지급 확실성이 결핍되어 투기적이다.
CCC	원리금 지급에 관하여 현재에도 불안요소가 있다.
CC	상위 등급에 비해 불안요소가 더욱 크다.
C	채무 불이행의 위험이 높다.
D	채무 불이행 상태에 있다.

적격 채권으로 분류하며, 이런 채권들을 정크본드(Junk Bond)라고 부르기도 한다.

랩 어카운트

랩 어카운트 의의

랩 어카운트(Wrap Account)란 증권회사가 투자자의 투자성향을 분석하여 자산배분 전략 및 투자종목 추천 등 총체적인 자산관리 서비스를 제공하고, 그에 부수되는 주문집행 등의 업무를 일괄 처리해 주는 '자산 종합관리 계좌'를 말한다.

이 상품의 등장으로 증권회사는 위탁매매 중심의 영업에서 고객의 자산관리 중심의 영업형태로 전환되었다. 고객과의 관계도 이해상충의 관계에서 공동이익 추구의 관계로 바뀌었다.

일반 위탁계좌와 랩 어카운트

구 분	위탁계좌	랩 어카운트
수입 원천	매매수수료	관리·운용보수
영업의 중심	거래의 증대	자산잔고의 증대
경쟁력 원천	개별 종목 발굴능력	포트폴리오 구성(운용)능력
고객과의 관계	단기적(일회성)	장기적(안정적)
대리인 문제	발생 소지 상존	발생 소지 감소
고객만족도	낮음	높음
증권사 주업무	위탁매매 업무	투자은행 업무

랩 어카운트의 발생 배경

…사회경제적인 변화

1) 전문적인 자산관리의 요구

개인의 금융자산 규모가 증가하고 고령화 사회로 진전됨에 따라 장기적인 자산증식이 사회의 주요 관심사로 떠올랐으며, 이에 대한 전문적인 관리업무가 필요한 시점이 되었다.

2) 개인별 투자성향에 부응

장기적인 저금리 현상이 지속되어 금리가 낮은 저축형 상품에 만족하지 못하는 투자자들이 보다 수익성이 높은 투자형 상품으로 급격하게 전환되었다.

따라서 자신의 투자성향과 위험수용 정도에 알맞는 차별화된 포트폴리오를 구성하는 주문형 상품 서비스가 증가하기 시작했다.

...증권산업의 내부 변화

1) 증권회사간의 경쟁 격화

온라인 거래의 일반화와 수수료의 자율화로 매매수수료 경쟁이 격화됨에 따라 증권회사들은 서비스의 질을 제고하는 방향의 질적 경쟁(운용수익률)으로 전환하게 되었다. 또한 다른 금융기관과의 업무영역 철폐 및 외국 증권회사의 진입으로 인해 그 경쟁은 더욱 가열되었다.

2) 증권회사의 안정된 수익원 모색

최근 증권회사는 과거 위탁매매 수수료 중심에서 벗어나 수익증권 판매 등 다양한 수익원의 개발을 모색하고 있다. 이에 따라 다른 금융기관과의 업무제휴를 통하여 연계 서비스를 제공하는 복합 금융상품과 포괄적인 서비스를 제공함으로써 안정적인 수입을 얻을 수 있는 자산관리형 상품 개발에 집중하게 되었다.

3) 투자대상 자산의 다양화

기존의 주식과 채권에서 선물·옵션 등 파생상품이 등장하고, 나아가 뮤추얼펀드, 해외 증권 등 투자수단이 다양해지고 그 구조와 절차도 복잡해짐에 따라, 고객의 자산운용에 전문적인 자산관리 서비스가 필요하게 되었다.

4) 증권회사의 위상변화 필요

과거에는 증권회사에 대한 인식이 브로커(Broker) 수준이었으나 업무와 서비스의 다양화를 통해 투자은행(Investment Bank)으로의 변신을 꾀하고 있으며, 이는 곧 수익의 다변화로 연결되었다.

상품의 유형

...컨설턴트 랩

컨설턴트 랩(Consultant Wrap)이란 증권회사 상담직원(FP)이 고객과 상담한 후 고객에게 적합한 자산배분 및 적합한 투자전략과 그에 맞는 투자자문회사를 소개하고, 투자자문회사로 하여금 고객의 자산을 운용하도록 하는 방식이다. 이에 대한 투자흐름은 다음과 같은 절차를 취한다.

- 고객 상담 : 고객 특성에 부합하는 투자전략 수립
- 투자자문회사 선정 : 고객의 투자전략에 적합한 회사 선정
- 랩 어카운트 계좌 개설
- 고객 자산 보호·예수
- 투자자문회사에 자산운용 위탁
- 고객 자산의 운용과 주문 시행
- 증권회사의 운용 실사 : 고객의 투자계획에 맞는 자산운용 여부, FP 업무수행 능력을 점검하고 이에 따른 조치
- 수수료 징수 : 자산잔고의 2~3% 정도이며, 이 가운데 0.6%를 자문수수료로 지급
- 운용성과 보고 및 평가 : 고객과의 접촉을 통해 분기별 운용 결과에 따라 기존 계획 조정

…뮤추얼펀드 랩

뮤추얼펀드(Mutual Fund Wrap)이란 증권회사 상담직원(FP)이 고객과 상담한 후 고객에게 적합한 자산배분 및 투자전략에 따른 뮤추얼펀드 포트폴리오를 추천하면 고객이 이를 선택하는 방식이다. 이에 대한 투자흐름은 다음과 같은 절차를 취한다.

- 고객 상담 : 고객의 특성에 부합하는 투자전략 수립
- 펀드 선정 : 고객의 투자전략에 적합한 펀드 선정

랩 어카운트 유형별 비교

구 분	컨설턴트 랩	뮤추얼펀드 랩
자산운용 주체	투자자문회사, FP	자산운용회사, FP
투자 유형	직접투자	간접투자
상품 다양성	제한적	다양화
계좌관리 비용	매매수수료, 자문수수료, 상담비용	상담비용, 펀드 관리 보수
최저 관리비용	많음	적음
연간 수수료	2~3%	2~3%(운용수수료 포함)

- 랩 어카운트 계좌 개설
- 고객 자산 보호·예수
- 펀드에 투자
- 고객 자산의 운용과 주문 시행
- 증권회사의 운용 실사 : 고객의 투자계획에 맞는 자산운용 여부, FP 업무수행 능력을 점검하고 이에 따른 조치
- 수수료 징수 : 자산잔고의 1~2% 징수
- 운용성과 보고 및 평가 : 고객과의 접촉을 통해 월별·분기별 운용 결과에 따른 기존 계획 수정

투자자의 선택기준

...우수한 FP의 선정

우수한 FP를 선정하기 위해서는 믿을 만한 사람으로부터 최소 2~3명을 추천받아 직접 인터뷰를 해본 후 자신에게 가장 적합한 사람을 선정한다.

이때 FP가 관리했던 고객의 운용실적과 그 회사에서의 평가, 근속기간 및 관리고객의 규모, 나아가 FP의 투자철학을 알아본다. 그리고 자문수수료를 포함한 세부상항을 다룬 계약서와 자신에게 적합한 포트폴리오를 받아본 다음 최종적으로 결정한다.

...우수한 펀드 운용회사 선정

우수한 운용회사를 선정하기 위해서는 규모가 큰 회사만 선호할 것이 아니라, 펀드매니저가 잦은 이동 없이 안정되게 근무하고 있는지 알아보아야 한다. 그리고 부실채권의 편입이 없고, 처음의 운용계획에 따라 지속적으로 운용하며, 운용내역을 투명하게 공개하는 회사를 선정해야 할 것이다.

증권종합계좌

증권종합계좌의 의의

　증권종합계좌(CMA)란 간접투자 상품의 수익성에 입출금 편의성을 합한 수시입출금이 가능한 계좌이다. 고객이 맡긴 예탁금을 CP(기업 어음), CD(양도성 예금증서), 국공채 등에 투자하고 그 수익금을 돌려주는 실적배당형(4% 내외) 금융상품이다.
　CMA의 특징은 실세금리 저축수단을 제공하고, 고객이 보유하고 있는 MMF 등 유가증권을 담보로 한 수표의 발행, 카드를 이용한 유가증권 담보금융이라는 간편한 수단을 제공하는 데 있다.

증권종합계좌의 이점

투자자가 증권종합계좌를 이용할 경우 유리한 점은 첫째, 다양한 거래를 하나의 계좌에서 일괄 처리함으로써 보다 비용을 적게 부담한다. 둘째, 입출금 또는 지시이행이 생략되어 매우 편리하다. 셋째, 현금이 MMF 등에 자동 이체됨으로써 효율적인 자금운용이 가능하다. 넷째, 자금운용 내역서를 받으므로 자금 내용을 일목요연하게 파악할 수 있다.

증권회사의 입장에서는 고객의 투자를 장기형으로 유도하므로 안정적인 수수료 수입의 증대 효과를 얻을 수 있다.

종합자산관리 계좌의 구조

종합자산관리 계좌는 주로 증권매매 계좌, MMF, 카드수표 계좌 등의 기능을 수행한다.

- **증권매매 계좌 기능** : 유가증권을 매매할 때 계좌 기능을 하며, 보유 유가증권을 담보로 신용한도가 증대된다.
- **MMF 또는 MMDA 자동이체 기능** : 매일매일 발생한 현금이 자동으로 MMF 또는 MMDA에 투자된다(고객 요청시).

- **카드 수표용 당좌예금 기능** : 보유자금은 MMF 등에 투자되면서 당좌예금과 동일하게 수표도 발행 가능하며 신용카드의 결제 기능도 수행한다.
- **기타 부가기능** : 각종 공공요금 자동납부 및 운용내역을 종합적으로 받을 수 있다.

자산 유동화 증권

자산 유동화 증권의 의의

자산 유동화 증권(ABS)이란 금융기관이 보유하고 있는 자산을 표준화하고, 특정한 조건별로 집합하여 이를 기초자산으로 하여 증권을 발행하고 기초자산의 현금흐름을 이용하여 증권을 상환하는 방식이다.

제도의 특징

자산 유동화 증권은 발행기관의 신용도와 독립적으로 자산의 특성과 현금흐름 및 신용보강 절차에 따라 높은 신용도를 지니는 증권의 발행이 가능하므로 금융기관의 유동성을 제고시키고, 조달비용을 낮추는 장점이 있다.

투자자의 입장에서는 높은 신용도를 지닌 증권을 상대적으로 높은 수익률로 투자할 수 있는 장점이 있다.

자산 유동화 증권의 종류

자산유동화법에 의해 발행되는 유동화 증권은 기초자산의 위험이 어떻게 전가되느냐에 따라 패스스루 증권과 페이스루 증권, CMO로 구분할 수 있다.

…패스스루 증권

패스스루 증권(Pass-through Securities)이란 유동화 자산을 유동화 중개기관(SPV)에 이전하면 SPV는 이를 집합화하여 신탁을 설정한 후 이 신탁에 대해 지분을 나타내는 일종의 주식 형태로 발행되는 증권이다.

이는 유동화 자산이 매각됨으로써 발행자는 금융위험을 투자자에게 전가시킨다는 의미에서 자동이체식이라고도 한다. 또한 채무자가 지급하는 원리금은 모두 신탁증서의 소지인에게 그대로 이전되므로 증권 소지인에 대한 지급액도 그때마다 달라진다.

...페이스루 증권

페이스루 증권(Pay-through Securities)은 유동화 자산의 집합에서 발생되는 현금흐름을 이용하여 증권화하되 그 현금흐름을 균등하게 배분하는 단일 증권이 아니라 상환순위가 다른 채권을 발행하는 형식이다.

이때 발행하는 유동화 증권은 유동화 자산에 대한 권리를 표시하는 증권이 아니라 발행자인 SPV에 대한 청구권을 표시하는 증권이며 원리금 이체식 증권이라 한다.

자산 유동화 증권의 참여기관

- **자산 보유자** : 일반적으로 자산을 취득하고 있다가 자산 유동화를 통하여 자금을 조달하는 자로 은행, 종금사, 보험사, 투신운용사, 자산관리공사가 이에 속한다.
- **유동화 전문회사(SPV)** : 자산을 유동화하기 위해 만든 회사인 특별목적기구 등을 말하며, 상법상 유한회사로 규정하고 있다.
- **수탁기관** : SPV는 명목상 회사이므로 법인의 일상적인 행정업무를 대행해주는 회사이다.

- **자산 관리자** : 자산 유동화에 의해 양수받은 자산을 SPV를 위해 실질적으로 관리하는 회사이다. 그러나 자산 보유자가 자산 관리자가 되는 것이 보통이다.
- **신용평가회사** : 유동화 대상 자산의 현금흐름을 판단하여 투자자들에게 판단자료를 제공하는 회사이다. 국내에는 한국신용평가, 한국신용정보, 한국기업평가 등이 있다.
- **주선기관** : 주선기관은 자산 보유자에 대해 대상자산 및 자산 보유자의 특성에 맞는 거래구조를 제시하고 그 대가로 주선수수료를 받는 실질적인 역할을 하는 기관이다. 이 역할은 증권회사나 투자은행이 담당한다.

자산 유동화 증권 발행절차

- **타당성 조사** : 유동화 대상 자산의 유동화 적합성, 예상 신용등급, 예상 비용, 예상 소요기간 등을 종합적으로 검토한다.
- **당사자 선정** : 거래구조 설정을 맡는 간사회사와 자문변호사, 나아가 유동성 지원을 담당할 은행을 선정한다.
- **데이터 분석** : 유동화 예정 자산과 동일 유형 자산의 과거 회수현황 및 당해 자산의 특성을 파악한다.
- **자산 실사** : 자산 보유자의 법인 운영사항과 기능적 측면(심사기

준, 자산취득 정보의 등기, 등록예부, 채무자의 채무이행) 등으로 구분한다.

- **거래구조 설정과 금융 모델링** : 기존의 유사한 계약을 참고하여 거래구조를 설정함과 동시에 금융조건의 모델을 분석한다. 새로운 유형의 거래인 경우 거래구조 설정과 많은 법적 검토가 필요하다.
- **각종 계약서 작성** : 기존의 선례를 참고하여 계약서를 작성할 수 있으나, 새로운 유형의 거래인 경우 많은 법적 검토가 필요하다.
- **신용평가** : 신용평가기관이 요구하는 신용보강 요건을 충족하기 위해 소요되는 추가비용이 신용등급을 받음으로써 절감되는 금융비용보다 크지 않아야 한다.
- **모집** : 유동화 거래의 구조가 복잡하고 참여기관이 많아서 장시간이 소요된다.
- **유동화 증권의 발행 및 납입** : 발행조건이 확정되면 자산 유동화를 위한 각종 계약을 체결하고, 증권 판매가 완료되면 주간사는 발행자가 제출하는 납입에 필요한 서류에 하자가 없는지 확인한 후 증권 납입대금을 발행자의 계정으로 이체한다.
- **유동화 자산의 모니터링 보고** : 납입 후 투자자들은 수탁자나 대리은행을 통하여 유동화 자산의 채무이행 상황에 관해 주기적으로 보고를 받는다.

주택저당 증권

주택저당 증권의 의의

주택저당 증권(MBS)이란 금융기관이 주택을 담보로 만기 20년 또는 30년짜리 장기 대출을 해준 주택저당 채권을 대상자산으로 하여 발행한 자산담보부 증권이다.

또한 주택채권 유동화란 금융기관이 주택자금을 대출해준 후 보유하게 되는 주택저당 채권을 직접 매각 또는 증권화하는 것을 의미한다.

주택저당 증권의 기본 구조

주택저당 채권의 매각 또는 증권화에 따라 주택저당과 관련한 새로운 시장이 형성된다. 이때 기존의 시장을 1차 저당시장, 새로운 시장을 2차 저당시장이라 한다.

1차 저당시장은 대출기관, 차입자, 보증자로 구성된다. 2차 저당시장은 저당대출 채권이 직접 또는 증권의 형태로 자본시장에서 매매되는 시장을 말하며, 대출기관, 채권 지급보증 및 중개기관, 투자자로 구성된다.

또한 유동화 중개기관은 대출기관과 자본시장을 연결시켜 2차 저당시장을 활성화시키는 역할을 담당한다.

대출채권 유동화의 효과

- 수요자의 입장에서는 보다 저리로 장기 주택자금 차입이 가능하게 되었고, 나아가 대출수요자 중심의 주택금융시장이 형성되게 되었다.
- 대출기관의 입장에서는 재무건전성 강화, 주택금융 확대전략 수행 가능, 수수료 수입, 고객과의 관계 유지, 새로운 자금조달 수단 확보, 선진 금융기법 도입, 각종 위험부담이 경감되게 되

었다.
- 투자자의 입장에서는 안정적인 수익을 주는 투자상품 제공, 다양한 투자상품 제공, 효율적인 유통시장 형성, 투자자의 이익보호 장치 제공 등의 효과가 나타나게 되었다.

8장

금융소득 절세전략

절세방법 알아보기

    세금은 국가나 지방자치단체가 재정수요를 충당하기 위해 개별적 안 보상 없이 국민으로부터 강제로 징수하는 것이다. 그러나 세금을 납부하는 입장에서는 가능한 한 세금을 적게 내고 싶은 것이 솔직한 심정일 것이다. 합법적인 범위 내에서 절세, 즉 세금을 적게 내기를 원할 것이다. 그러나 절세전략이란 특별히 어떤 비결이 있는 것이 아니라 세법을 충분히 이해하여 이를 활용하는 방안이다.

    투자자들은 개인의 현재 재산상태와 장기적인 재무계획, 나아가 금융환경의 변화에 따른 절세전략을 수립해야 한다. 금융소득 종합과세의 경우에는 비과세, 분리과세, 세금우대 등 상품의 특성을 잘 이해하고 금융환경의 변화를 예측하여 합리적인 절세계획에 의거해 투자해야 한다.

종합과세 대상소득이란 무엇인가

종합과세 대상소득은 개인의 모든 소득을 합산하여 과세하는 소득으로, 매년 반복적으로 발생하는 소득인 ① 이자소득 ② 배당소득 ③ 부동산 임대소득 ④ 사업소득 ⑤ 근로소득 ⑥ 일시 재산소득 ⑦ 연금소득 ⑧ 기타 소득을 말한다.

이에 반해 분리과세제도란 종합과세 소득에 속하는 소득 중 법률로서 정한 '원천징수 세율'만을 원천징수하므로 종합소득세의 납세의무가 종료되어 종합소득 과세표준에 합산하지 아니하는 제도를 말한다.

그러나 소득이 비교적 장기간에 걸쳐 발생하는 ① 퇴직소득 ② 양도소득 ③ 산림소득은 다른 종합소득과 종합하여 과세할 경우 누진세율로 인한 조세부담이 과중하게 되므로, 각 소득 원천별로 분류하여 소득세를 과세하여 분류과세 소득이라 한다.

종합소득세의 계산

종합소득세를 계산하기 이전에 발생소득이 종합과세에 해당되는지 그 여부와 종합과세 대상금액을 확인하고 개별 소득별로 투자규모, 투자기간, 소득종류, 소득규모 등이 다르므로 일률적으로 접근하지 말고 사안별로 개별 대응하도록 한다. 현행 소득세법상 종합소득세는 다음과 같은 절차로 계산한다.

> ① 소득금액 = 자산소득(부동산 임대소득 + 4,000만 원 초과 금융소득)
>   + 사업소득 + 근로소득 + 기타 소득
> ② 과세표준 = 소득금액 − 소득공제(특별공제, 인적공제)
> ③ 산출세액 = 과세표준 × 세율 − 누진공제액
> ④ 결정세액 = 산출세액 − 세액공제 − 세액감면
> ⑤ 기준금액 세액 = 4,000만 원 × 15%(원천징수 세율)
> ⑥ 추가납부 세액 = ④ + ⑤ − 기납부 세액(중간예납액+원천징수 세액)

종합소득세 과표구간과 세율

과표구간	세율	누진공제액
1,000만 원 이하	9%	–
1,000만 원 초과 4,000만 원 이하	18%	90만 원
4,000만 원 초과 8,000만 원 이하	27%	450만 원
8,000만 원 초과	36%	1,170만 원

금융소득 종합과세란 무엇인가

금융소득 종합과세란 금융자산(예금이나 적금, 신탁, 채권, 주식,

수익증권 등)을 통해 1년 동안 얻은 금융소득(이자소득과 배당소득)에서 4,000만 원(세전)까지는 원천징수 세율로 과세하며, 4,000만 원을 초과한 금액은 다른 소득과 합산하여 종합과세한 세액과 원천징수한 세액 중 큰 금액으로 과세하는 제도이다.

이때 금융소득 산정시 비과세 소득 및 분리과세 소득은 제외된다. 종합과세제도는 1996년 시행 후 금융불안으로 유보되었다가 2001년 1월 1일부터 부활되었다.

2001년 1월 1일 이전에 금융자산을 보유하고 2001년 이후 이자가 지급되는 경우에는 2001년 이전 소득에 대해서는 과거대로 20% 분리과세하고, 2001년 이후 소득에 대해서만 기준금액에 포함시켜 종합과세 여부를 판단하면 된다.

또한 원천징수 세율도 기간 안분하여 2001년도 해당이자에 대해서는 15%의 세율이 적용된다.

종합과세가 분리과세보다 유리한가

금융소득 종합과세제도가 실시되어 어떠한 경우가 유리하고 불리한가는 소득금액에 따라 차이가 있다. 과거 원천징수 세율이 20%에서 15%로 바뀜에 따라 소득금액이 적은 경우에는 상대적으로 유리해졌다고 할 수 있다.

금융소득이 5,000만 원 이하인 경우(유리)
기준금액인 4,000만 원은 15%의 원천징수 세율로 분리과세되므로 부동산 임대소득 등 다른 소득이 아무리 많아도 금융소득 5,000만 원까지는 현재보다 세금이 감소한다.

금융소득이 5,000만 원 이상 1억 1,000만 원까지인 경우(유리 또는 불리)
기준금액(4,000만 원) 초과액인 1,000만 원에서 7,000만 원이 부동산 임대소득 등 다른 종합소득과 합산되어 종합과세되므로 다른 소득이 없으면 세금이 감소되지만, 다른 소득이 많으면 세금이 증가한다.

금융소득이 1억 1,000만 원 이상인 경우(불리)
기준금액 초과액이 7,000만 원을 넘으므로 부동산 임대소득 등 다른 종합소득이 전혀 없는 경우에도 세금이 증가한다.

비과세되는 금융소득은 어떠한 것이 있는가

금융소득 비과세 상품은 일반적으로 이자 및 배당소득에 대해 비과세되고 상품에 따라 소득공제 또는 세액공제 혜택까지 주어지기 때문에 실질적으로 이자소득을 가장 많이 얻을 수 있다. 그리고 이러한 상품은 대개 장기 상품이므로 목돈마련이나 노후자금 목적으

비과세 저축상품의 종류

저축종목	취급기관	가입대상	가입기간	비과세 한도	비고
장기 주택마련 저축	은행, 상호저축은행	• 만 18세 이상 무주택자, 국민주택 규모 1주택 소유자 • 세대주	7년 이상	분기당 300만 원	• 불입액 40% 소득공제(300만 원 한도) • 5년 이내 해지시 소득공제액 추징
농어가목돈 마련저축	농/수협 단위조합	• 농민(2ha 이하) • 어민(20t 이하)	3년, 5년	• 일반농어민 (월 12만원) • 저소득농민 (월 10만 원)	• 2006년 말까지 가입자는 비과세
출자금 (신협기구)	상호금융, 새마을금고, 신용협동조합	• 조합원, 회원 • 1인 1통장	–	1,000만 원	–
예탁금 (신협기구)			–	2,000만 원	• 일반 조합원은 농특세 1.5% 과세(2006년까지)
장기 저축성 보험	전 금융기관	1세대 1통장	10년 이상	상품별 상이	–
생계형 저축	전 금융기관	• 노인(65세 이상) • 독립유공자 가족 • 기초생활 대상자	금융기관 별 상이	2,000만 원	중도 해지시에도 비과세
개인 연금저축	전 금융기관	• 만 20세 이상 • 55세 이후 5년 이상 연금으로 수령	10년 이상	분기당 300만 원	• 불입액의 40% 소득공제 (72만 원 한도) • 2000년 말까지 가입자
근로자 우대저축	전 금융기관	연 3,000만원 이하 근로자	3년 이상 5년 이하	분기당 150만 원	• 3년 이상 예치시(2000년 말까지 가입)

로 활용하는 것이 유리하다.

이러한 비과세 혜택이 주어지는 상품은 가입자격 등 제반 요건을 엄격하게 제한하고 있으며, 중복으로 가입하거나 일정 기간이 경과하기 전에 중도 해지하는 경우에는 면제받은 세금을 추징당하게 되므로 가입할 때 별도의 주의가 요구된다.

세금우대 종합저축제도란 무엇인가

세금우대 종합저축이란 2001년부터 저율과세 저축상품을 상품 종류별로 관리하지 않고 일정 한도 이내에서 통합 관리하는 저축제도이다.

계약기간이 1년 이상인 적립식 또는 거치식 저축상품에 대하여 1인당 한도(일반인 : 4,000만 원, 노인 및 장애인 : 6,000만 원, 미성년자 : 1,500만 원)이며, 가입할 때 세금우대를 신청한 상품에 한하고, 우대세율은 10.5%이다.

기타 세금우대 종합저축제도의 통합한도에 포함되지 않는 세금우대 상품으로는 입주자 저축(10.5%)과 신협 예탁금(농특세 1.5%, 농어민 및 저소득 근로자는 비과세)은 대상에서 제외된다. 단, 1년 이내에 해지할 때는 세금우대가 적용되지 않는다.

만기 10년 이상인 채권은 종합과세 대상인가

만기 10년 이상인 채권은 이자소득 30%를 분리과세하면 종합과세 대상에서 제외된다. 또한 만기 이전에 매각할 경우에도 보유기간 이자에 대하여 30% 분리과세하면 된다. 이는 장기 저축을 장려하고 채권시장을 육성하려는 정부정책 때문이다.

이러한 분리과세를 원하는 경우는 가입할 때 분리과세 신청을 해야 한다. 그러나 10년 이상 장기 보험은 비과세된다. 그리고 중도 해지시 원금보전이 안 되거나 이익이 발생하더라도 보험차익은 종합과세된다.

이러한 분리과세는 누구에게나 유리한 것은 아니다. 분리과세가 종합과세보다 유리한 경우에만 신청해야 한다.

첫째, 금융소득에 합산되는 사업소득이나 근로소득이 8,000만 원 이상으로 종합과세 대상 금융소득이 소득세법상 최고 세율인 36%를 적용받게 되는 경우, 기준금액인 4,000만 원까지는 원천징수하고 그 초과금액에 대해서만 장기 채권에 대한 분리과세를 선택하는 것이 유리하다.

둘째, 합산되는 주된 소득이 8,000만 원 미만의 경우라도 종합과세 대상 금융소득이 많아 최고 세율 36%를 적용받는 경우, 4,000만 원까지는 원천징수하고 그 초과금액에 대해서만 장기 채권에 대한 분리과세를 선택하는 것이 유리하다.

분리과세 상품을 어떻게 활용하나

금융소득이 많은 사람은 금융소득의 발생규모에 따라 비과세 또는 분리과세 상품을 적절히 활용해야 한다.

1) 종합과세 대상에서 제외

만기 10년 이상인 채권의 이자소득은 30%의 분리과세 제도를 선택할 수 있다. 또한 이를 만기 전에 매각한 경우에도 보유기간 이자는 분리과세가 가능하다.

2) 분리과세 선택이 필요한 경우

- 금융소득에 합산되는 사업소득 중 종합소득세 과세표준이 8,000만 원 이상으로서 종합과세 금융소득이 36%의 세율을 적용받게 되는 경우
- 금융소득에 합산되는 사업소득 중 종합소득세 과세표준이 8,000만 원 미만이더라도 금융소득이 너무 많아 금융소득이 36%의 세율을 적용받게 되는 경우

분리과세 금융소득

① 분리과세를 신청한 장기 채권, 장기 저축의 이자소득

② 비실명 이자 배당소득

③ 경매보증금, 경락대금의 이자

④ 직장공제회 초과 반환금

⑤ 장기 보유 주식의 배당소득

⑥ 세금우대 종합저축의 이자소득

⑦ 사회간접자본 채권의 이자소득

종합소득세 세액공제 항목

세액공제란 법정 요건에 해당하는 경우 산출세액에서 공제하는 제도로서 현행 소득세법과 조세특례제한법에 정해져 있다.

종합소득세 세액공제 항목

구 분	공 제 액	요 건
배당 세액공제	간주 배당금액	간주 배당대상 소득이 종합소득금액에 포함된 경우
외국납부 세액공제	국외 원천납부 세액	국외 원천소득이 종합소득 금액에 포함된 경우
재해손실 세액공제	미납소득세×재해상실 비율	재해손실 자산이 30% 이상인 경우
근로소득 세액공제	산출세액 45%	산출세액이 50만 원 이하
	225만 원+50만 원 초과 30%(연간 40만 원 한도)	산출세액이 50만 원 이상
퇴직소득 세액공제	퇴직소득 산출세액의 25%	근속연수 × 12만 원을 한도로 함

사례 비교

만기가 3년인 채권의 이자를 일시에 지급받는 방법과 매년 분리하여 지급받는 방법의 세금 차이는 어떻게 될까?

세법상 만기에 일시 지급받는 경우에는 이자가 만기 연도의 소득으로 과세되며, 분리하여 지급받는 경우에는 매년의 소득으로 과세된다.

예를 들어 사업소득이 8,000만 원인 납세자가 금융자산 3억 원을 연리 10%에 3년간 투자하는 경우와, 매년 동일 금리로 재투자하는 경우를 단순하게 생각해보자.

1) 3년 만기채에 투자하는 경우

① 금융소득

3억 원×10%×3년=9,000만 원

② 종합과세 대상소득(1억 3,000만 원)

금융소득 : 5,000만 원(9,000만 원 - 4,000만 원)

사업소득 : 8,000만 원

③ 총 부담세액(4,500만 원)

종합소득세 : 3,900만 원

(1,000만 원×10%+3,000만 원×20%+4,000만 원×30%+5,000만 원×40%)

원천징수액 : 600만 원(4,000만 원×15%)

2) 1년 만기채에 3년간 재투자의 경우

① 금융소득

- 1년차 : 1억 원×10%×3년= 3,000만 원(기준금액 4,000만 원 이하)
- 2년차 : 1억 원×10%×3년=3,000만 원(기준금액 4,000만 원 이하)
- 3년차 : 1억 원×10%×3년=3,000만 원(기준금액 4,000만 원 이하)

② 종합과세 대상소득(1억 3,000만 원)
사업소득 : 8,000만원
③ 총 부담세액(3,250만 원)
종합소득세 : 1,900만 원
(1,000만 원×10%+3,000만 원×20%+4,000만 원×30%)
원천징수 : 1,350만 원(3,000만 원×15%×3회)

3) 세액 차이
1) - 2) : 1,250만 원(4,500만 원 - 3,250만 원)

  납세자는 1)의 투자방법을 택할 경우 3년간 이자가 일시에 9,000만 원이 지급되어 기준금액 4,000만 원을 제외한 5,000만원이 종합과세되어 40%까지의 세율을 부담한 반면, 2)의 방법을 선택할 경우 매년 기준금액보다 적은 금액인 3,000만 원씩 받아 원천징수세율 15%씩 분리과세되므로 1)의 방법이 불리하다는 걸 알 수 있다.

  따라서 3년 만기 채권을 구입할 경우 이자를 일시에 지급받는 할인채나 복리채보다는 이표채를 구입하는 것이 유리할 것이며, 정기예금에 가입할 때도 1년 만기와 3년 만기의 금리와 세금 차이를 비교하여 선택해야 할 것이다.

모든 종합소득을 신고해야 하나

소득세는 납세자가 세무관서에 신고함으로써 과세표준과 세액이 확정된다. 따라서 소득에 따른 증빙서류와 기장된 장부에 의해 소득금액과 세액을 계산하여 다음 연도 5월 1일부터 5월 31일까지 주소지 관할 세무서에 신고 및 납부해야 한다.

다만 다음에 해당하는 경우에는 신고하지 않아도 된다.

① 근로소득만 있는 거주자
② 퇴직소득만 있는 거주자
③ 법정 연금소득만 있는 거주자
④ 원천징수 연말정산하는 사업소득만 있는 자
⑤ 위 ①, ② 소득만 있는 거주자
⑥ 위 ②, ③소득만 있는 거주자
⑦ 위 ②, ④소득만 있는 거주자
⑧ 분리과세, 이자, 배당, 연금, 기타 소득만 있는 자
⑨ 위 ① 내지 ⑦에 해당하는 자로서 분리과세, 이자, 배당, 연금, 기타 소득이 있는 자

그밖의 절세요령

...거래 금융기관 축소

여러 금융기관을 이용할 때 금융자산에 대한 전반적인 관리가 곤란하므로 거래 금융기관의 수를 줄여 주거래 금융기관을 지정하면 효율적인 자산관리를 할 수 있다.

...가족 명의로 예금 분산

금융소득을 부모나 자녀의 명의로 분산하고, 세금우대 통장도 개인 단위로 발급되므로 이를 적극 활용하여 가족들 명의로 분산시키면 된다.

1) 자녀 명의로 분산

성인인 자녀 명의의 금융소득은 부모와 합산되지 않지만, 미성년자는 금융자산이 많을 경우 자금출처 조사대상이 되어 증여세 과세대상이 된다. 따라서 공제범위(미성년 자녀 1,500만 원, 성년 자녀 3,000만 원)를 감안하여 분산 예치해야 한다.

2) 배우자 명의로 분산

배우자의 연령, 직업, 소득수준을 고려할 때 금융자산을 너무 많이 보유한 경우 자금출처를 조사받게 되어 증여세 과세대상이 된다.

따라서 공제범위(10년간 증여액 합계 기준 3억 원)를 감안하여 분산 예치해야 한다.

…금융상품 만기의 분산

4,000만 원 이상의 금융소득이 1년에 집중되는 것을 막기 위하여 금융소득의 수령시기를 조정한다. 예를 들어 금융자산이 6억 원(금리 연 5%)인 경우 만기 2년 상품에 투자하면 6,000만 원을 일시에 수령하므로 종합과세 대상이 되지만, 1년제 상품에 투자하면 연 3,000만 원씩 수령하므로 과세대상에서 제외된다.

…비과세 상품, 세금우대 상품, 분리과세 상품 한도까지 투자

경제정책상 종합소득 과세대상에서 제외되는 비과세 상품과 세금우대 상품을 적극 이용한다. 그리고 종합과세 대상에서 제외되는 분리과세 상품도 활용해야 한다. 주식양도 차익, 채권양도 차익, 장기저축성 보험 차익 등은 비과세 상품이다.

…상품 만기 구성의 조정

투자규모를 고려하여 금융소득이 4,000만 원을 초과하지 않도록 과세대상 금융상품을 구성한다. 따라서 금융상품별로 만기를 분산하거나 단축하여 구성한다. 그리고 채권에 투자할 때는 복리채나 할인채보다는 이표채에 투자한다.

부록

알기 쉬운 펀드 용어사전
자산운용사 / 투자자문사

알기 쉬운 펀드 용어사전

개방형

　폐쇄형에 대비되는 개념으로 투자자, 즉 주주가 환매를 요구하면 언제든지 회사가 순자산가치(NAV, 뮤추얼펀드의 주식가격)에 의거해서 환매해준다. 주식의 신규 발행이 수요에 따라 계속적으로 이루어지며, 주식발행이나 환매에 따라 회사의 자본이 증감된다. 뮤추얼펀드가 아닌 투자신탁에 있어서는 추가형과 같은 개념이다.

계약형 투자신탁

　계약형 투자신탁은 일반적으로 증권투자신탁업법에 의한 증권투자신탁을 말하며, 이는 투자자로부터 증권투자에 운용할 목적으로 자금 등을 수임하는 위탁자가 그 자금 등을 수탁자로 하여금 당해 위탁자의 지시에 따라 특정 유가증권에 대해 투자 또는 운용하고, 그에 따른 수익권을 분할하여 당해 투자자에게 취득시키는 것을 말한다.

공사채형 수익증권

투자자가 맡긴 투자자금을 주로 채권에 투자운용하는 투자방식이다. 여러 고객이 투자한 자금을 모아 전문 투자기관인 투신사나 투신운용회사에서 국공채, 회사채, 기타 유동성 자산 등에 투자운용하고 발생한 이익을 고객에게 돌려주는 안정적인 투자수단이다.

'채권시가평가제'가 실시되면서 이제는 공사채형 수익증권도 채권의 시세에 따라 그때그때 기준가 등락이 잦아져서 안정적인 저축수단으로 인식하던 것에서 바뀌어 하나의 투자수단으로 인식해야 할 것이다.

고객이 원하는 저축기간별로 적합한 상품을 선택할 수 있으며, 발생한 이익금 범위 내에서 환매수수료가 부과된다. 입출금이 자유롭고 투자금액에 제한이 없다.

그레이 펀드(Gray Fund)

그레이 펀드(Gray Fund, 일명 하이일드 펀드)는 저금리 시대에 위험을 감수하고서라도 높은 수익을 원하는 투자자들에게 적격인 상품이다. 이 펀드는 주로 신용등급 BB+ 이하(투자 부적격 상태)에 있는 기업의 채권이나 기업 어음(CP)에 최소 1년 이상 투자해 실적배당 방식으로 운용된다.

그러나 투자를 잘 했을 때는 월등히 높은 수익을 얻을 수 있지만, 반대의 경우엔 원금마저 날려버릴 위험이 있다는 점을 명심해야 한다. 투신사들은 이에 대비해 개인 대상 상품에 한해 펀드 규모의 5~10%를 자체 출자할 예정이나 원리금 모두를 책임지는 것은 아니다. 또 폐쇄형 상품이기 때문에 만기까지 중도 환매를 할 수 없다. 가입 후 180일 미만 시점에서 해약할 경우, 이익금의 70% 이상을 수수료로 내야 한다. 펀드가 나중에 거래소에 상장되면 수익증권을 팔아서 현금화할 수 있으나, 증권시장에서 주식형 펀드의 거래가가 대체로 시세보다 20% 할인되는 수준인만큼 손실부담이 불가피하다.

실적 배당금에 대해 현행 24.2%(소득세 22%, 주민세 2.2%)인 세율보다 13%포인트 낮은 11.2%(소득세 10%, 농특세 1.2%)의 세율이 적용된다. 저율과세 혜택만으로 다른 금융상품에 비해 수익률이 2%포인트 정도 높아진다. 또 이 펀드는 기업들이 주식공모를 할 때 공모주 10%(실권주 청약 때는 30%), 유상증자 물량의 30%를 우선 배정받는 특혜도 주어진다. 6개월마다 중간배당을 실시해 이자를 지급받을 수 있다는 점도 눈길을 끈다.

23개 투신(운용)사와 한불, 아세아, 한국, 동양, 중앙 등 5개 종금사에서 상품판매 신청을 했으며, 연간 예상 수익률을 15%선으로 잡고 있다.

글로벌 번드(Global Fund)

세계의 모든 나라 시장을 대상으로 하여 투자하는 펀드를 총칭한다. 세계의 주식시장을 대상으로 하는 글로벌 펀드를 글로벌 에쿼티 펀드(Global Equity Fund)라고 하고, 채권을 대상으로 한 펀드를 글로벌 본드 펀드(Global Bond Fund)라고 한다.

기관투자가

기관투자가란 개인투자자에 대한 상대적인 개념으로 법인 형태의 투자가를 말한다. 기관투자가로는 증권회사, 은행, 보험회사, 투자신탁회사 등이 있고 그외에 각종 연금, 기금, 재단 등이 있다. 기관투자가는 거대한 자금력, 조직력, 정보력 등을 바탕으로 전문지식을 활용해 주식투자를 하기 때문에 주가형성에 큰 영향을 미친다. 기관투자가의 동향은 시장흐름뿐만 아니라 인기주 판도를 결정하는 데도 큰 영향력을 행사하므로 개인투자자는 기관투자가의 움직임을 주의깊게 지켜보는 것이 중요하다.

기준가격

투자신탁에 편입되어 있는 주식과 공사채 등의 모든 자산을 그날의 시가 또는 약관에서 정한 방법에 의하여 평가하고, 채권의 이자와 주식의 배당금 등의 수입을 추가하여 자산 총액을 산출한다. 여기에서 투자신탁의 운용에 필요한 비용 등을 차감하여 순자산 총액을 산출하고, 그날의 수익증권(또는 주권)의 총 좌수로 나누어 기준가격을 산출한다. 회사형 투자신탁의 경우는 순자산가치라는 용어를 사용한다.

단위형 투자신탁

신탁기간(만기)이 미리 정해져 있는 것을 단위형(Unit형) 투자신탁이라고 한다. 구입시기는 모집(또는 특별히 정해져 있는 판매기간)에 한정하고 자금의 도중 추가는 없다. 환매 여부에 따라서는 상환할 때까지 환매가 불가한 것, 일정 기간만 환매가 불가한 것, 언제라도 환매가 가능한 것이 있다. 구입할 때 이 점에 주의할 필요가 있다. 또한 도중에 환매할 때는 신탁재산 보유액에서 약관 또는 정관에서 정한 일정률을 차감하고 지급하는 경우도 있기 때문에 주의해야 한다.

듀레이션(Duration)

채권의 듀레이션은 1938년 매컬리(F. R. Macaulay)가 개발한 것으로, 채권투자를 할 때 각 시점에서 현가로 환산된 현금흐름에 대한 비율을 가중치로 사용, 채권의 현금흐름 시점에 곱하여 산출한 현가로 환산된 가중평균 만기로서, 채권투자를 할 때 현가 1원이 상환되는 데 걸리는 평균 기간을 의미한다.

이러한 듀레이션의 가장 중요한 의미는 '수익률 변동에 대응한 채권가격의 변화 정도', 즉 수익률 변동에 대한 채권가격의 변동성을 나타내는 지표라는 점이다. 따라서 수익률 변화에 따라 민감하게 반응하는 채권가격의 변화를 듀레이션 개념을 통해 쉽게 파악할 수 있다. 이러한 듀레이션 값을 채권의 수익률 변동에 대한 가격변동성의 척도로 사용할 수 있다.

만기수익률

채권의 시장가격과 기대 현금흐름(중도 지급이자 + 만기시 상환가치)을 일치시키는 수익률을 말한다. 최종수익률이라고도 불리는 만기수익률은 채권을 만기까지 보유할 경우 받게 되는 모든 투자수익이 투자원금에 대하여 1년당 어느 정도의 수익을 가져오는가를 나타내는 예상수익률이다.

매칭 펀드(Matching Fund)

경영학에서는 공동으로 자금을 출자하는 의미로 쓰이지만 금융용어로는 혼합기금이란 뜻으로, 투자신탁회사가 국내 및 해외 투자자들을 대상으로 수익증권을 발행, 판매된 자금으로 국내 증권과 해외 증권에 동시에 투자하는 펀드를 말한다.

모자형 펀드

주식형 투자신탁의 한 종류. 자펀드를 투자자들에게 판매하고 여러 자펀드의 자금을 모아 모펀드의 수익증권에 투자하는 형태의 투자신탁을 말한다. 투신사들이 규모가 작은 펀드를 통합 관리하기 위해 이 제도를 도입했다. 투신사들이 대우사태와 관련해 주식형으로 전환한 공사채 펀드를 모자 펀드 형태로 운용하고 있다.

뮤추얼펀드(Mutual Fund)

오픈엔드형(개방형) 투자신탁에 대한 미국에서의 통칭이다. 주식회사(Cooperation)형의 것과 계약(Trust)형이 있다. 회사형은 투자신탁이 주식회사 조직으로 경영되어 회사가 발행하는 주식을 투자자가 매입한다. 트러스트형은 개개의 투자자와 경영자 간에 신탁계약이 체결되어 경영자 자신이 수탁자가 되고 수탁자가 발행하는 수익증권을 투자자가 매입하는 방식으로 되어 있다.

벌처 펀드(Vulture Fund)

저평가된 유가증권이나 부동산을 싼 가격으로 매입하기 위해 운용하는 투자기금으로, 죽은 동물만 잡아먹는 독수리과에 속하는 벌처의 이름을 딴 것이다. 회생 가능성이 높은 구조조정 대상 기업이나 자금난을 겪고 있는 성장 가능한 벤처기업에 집중투자해 회사를 정상 가동시켜 높은 수익을 얻고자 하는 펀드로, 투자자의 위험부담은 크지만 민간기업의 자율적 구조조정이라는 긍정적인 측면을 지니고 있다.

베이시스(Basis)

정상시장(Normal Market)에서 형성된 현물가격과 선물가격의 차이를 말한다. 이러한 베이시스는 선물시장을 이용하는 사람들 가운데 가격변동의 위험을 전가하려는 헤지(Hedger)와 가격의 비정상적인 형성을 포착하여 순간적인 매매차익을 노리는 재정거래자(Arbitrageor)에게는 아주 중요한 투자판단의 기준이 된다.

베타계수

주식투자를 처음 시작하는 사람은 자기가 산 주식의 수익률을 시장수익률보다 높일 수 있다고 믿는 경향이 강하다. 그러나 투자규모가 커지고 연륜이 쌓일수록 자신의 포트폴리오가 시장 포트폴리오보다 높은 수익률을 유지하기가 쉽지 않다는 것을 알게 된다. 포트폴리오 운영성과를 판단하는 데는 종합주가지수의 상승률을 기준척도로 삼는 것도 한 가지 방법일 것이다.

이러한 아이디어를 통계적인 수치로 표현한 것이 베타계수이다. 즉 어떤 종목의 과거 변동치와 종합주가지수 변동치의 상관관계를 나타낸 것이 베타계수이다. 베타계수가 1인 종목은 주가지수와 거의 동일한 움직임을 보이고 1보다 큰 것은 시장수익률 변동보다 더 민감하게 반응한다. 주식투자에 있어 베타계수를 활용하면 투자결정에 도움을 준다.

벤처 펀드(Venture Fund)

벤처(Venture)란 사전적으로 모험 또는 모험적인 사업을 뜻하는 말이다. 벤처 펀드는 벤처기업에 대한 투자를 목적으로 창업투자회사에서 결성하는 펀드를 말한다. 설립 초기 단계에 있는 벤처기업의 주식이나 전환사채를 인수하여 지속적인 사후관리를 통해 회사의 가치를 극대화한 후 코스닥이나 증권거래소에 상장시켜 주식의 매매차익을 통해 수익을 실현하는 투자방법이다. 엔젤투자조합 같은 것이 대표적인 벤처 펀드이다.

사모 펀드

소수의 투자자로부터 자금을 모아 주식, 채권 등에 운용하는 펀드. 투자신탁업법상에는 100인 이하의 투자자, 증권투자회사법(뮤추얼펀드)에는 50인 이하의 투자자를 대상으로 모집하는 펀드를 말한다. 이 펀드는 공모 펀드와는 달리 운용대상에 제한이 없으므로 자유로운 운용이 가능하다.

공모 펀드는 펀드 규모의 10% 이상을 한 주식에 투자할 수 없고 주식 외 채권 등 유가증권에도 한 종목에 10% 이상 투자할 수 없다. 그러나 사모 펀드는 이러한 제한이 없어 이익이 발생할 만한 어떠한 투자대상에도 투자할 수 있다. 반면 이러한 점 때문에 재벌들의 계열지원, 내부자금 이동수단으로 활용될 수 있고 검은 자금의 이동에도 사모 펀드가 활용될 수 있다.

상환(Redemption)

일반적으로 차입금 등의 원금을 변제하여 그 채무를 소멸시키는 것을 말하나, 투자신탁에서는 투자신탁의 신탁기한이 도래하여 투자자에게 상환금과 이익분배금을 반환하는 것을 말한다.

수익증권

투자신탁에 투자할 때 통장에 표시되는 좌수만큼 수익증권을 매입하는 것이며, 실제 수익증권은 수탁사인 은행 등에서 보관하게 된다. 투자자가 맡긴 투자금의 권리지분을 표시하는 증권으로서 통장상의 잔고좌수로 표시된다. 원금 또는 신탁재산의 운용에서 생긴 이익을 받을 권리(수익권), 즉 수익권이 표시되어 있는 유가증권을 말한다.

수익증권은 증권투자신탁업법에 의해 수탁자가 발행하는 수익증권과 신탁업법에 의해 발행되는 수익증권으로 구분되며, 수익증권을 발행할 때는 미리 재무부 장관의 인가를 받아야 한다. 전자는 투자신탁의 수익권을 균등하게 분할하여 표시하고 있으며, 후자는 금전신탁 계약에 의한 수익권을 표시하고 있다. 수익증권은 원칙적으로 무기명식이며, 수익자의 청구에 의해 기명식으로 또는 기명식을 무기명식으로 할 수 있다.

투자신탁에 있어서 신탁재산 운용의 결과로 생기는 손익은 이익분배금 또는 상환금이라는 형태로 수익자에게 분배된다. 이익분배금의 원천이 되는 운용수익은 ① 주식의 배당금, 채권 등의 이자소득과 ② 주식, 채권 등의 매매에서 생긴 자본이득으로 분류된다.

수탁회사

투자신탁에서 고객들을 보호하기 위한 제도적 장치 중 하나로 신탁재산을 보관, 관리하는 회사. 통상 은행이 수탁회사의 역할을 담당한다. 증권투자신탁업법에 따라 펀드를 운용하는 회사, 즉 위탁회사는 투자자산의 매매만 담당하고, 고객의 재산인 신탁재산을 분리해 수탁회사에 맡겨놓게 된다.

따라서 법 원칙상 위탁회사인 투신사나 투신운용사가 부도 처리되더라도 고객들은 전혀 피해를 입지 않지만 브리지론이나 연계차입, 투자 유가증권의 부도 등으로 신탁재산이 부실화될 경우에는 피해를 볼 수밖에 없다.

순자산가치(NAN : Net Asset Value)

뮤추얼펀드 총자산에서 부채를 뺀 후 그 금액을 펀드가 발행한 주식수로 나눈 것. 수익증권의 경우 주식이 아니라 잔존좌수로 나눈 후 통상 1,000을 곱한 것이 순자산가치에 해당된다.

스팟 펀드(Spot Fund)

단기 투자로 목표수익률을 실현시키는 펀드를 말한다. 통상 신탁재산의 90%까지 주식에 투자해 목표수익률을 달성하면 언제든지 조기 상환이 가능하다는 것이 특징이다. 운용방식은 주식시장에서 인기주로 부상할 가능성이 있는 특정 테마군의 주식들을 소규모로 묶어 단기간의 고수익을 노릴 수 있도록 고안돼 있다.

이 펀드는 50억 원 안팎의 소규모로 설정, 20~30개 테마 주식군에 집중투자하며, 만기에 구애받지 않고 보통 설정 1년 내 20%, 2년 내 35% 이상 수익률이 달성되면 곧바로 중도 상환된다.

시가평가

채권의 시가평가란 채권의 가치를 시장에서 인지될 수 있는 가격에 의해 평가하는 것을 말한다. 특히 표준이 되는 벤치마크 채권을 기준으로 하여 대상 채권의 특징에 따라 만기수익률의 스프레드를 결정한다.

신탁재산 운용보고서

펀드의 결산, 신탁기간 종료 또는 신탁계약의 해지가 있을 때 운용회사가 고객에게 통보하는 자산운용 결과보고서. 그 내용에는 자산·부채·신탁원본 기준가격과 운용기간 중 손익상황, 주식·채권 등 자산평가액, 신탁재산 총액, 기준일 현재 신탁재산에 속하는 주식의 업종·주식수·주식평가액, 운용기간 중 매매한 주식의 총수와 매매금액 등이다.

신탁형 증권저축(Securities Savings of Trust Fund)

투자신탁회사가 신탁업법의 적용을 받지 않고 저축자가 납입하는 금전의 신탁을 받아 이를 유가증권에 투자운용해 저축자에게 미리 약정한 이율의 이익금을 지급하는 저축제도. 투자신탁 상품 중 유일하게 확정금리를 지급하는 상품으로 언제든지 입출금이 자유로우며 가입금액에 제한이 없다는 장점이 있지만, 금리상황의 변화 등 회사가 필요하다고 인정하는 경우 약정금리를 변경시킬 수 있다.

안정형 주식투자신탁

주식편입 비율, 즉 주식투자 가능 비율에 따른 주식형 펀드 유형 중 하나를 말한다. 이 유형은 주식편입 비율이 30% 이하인 상품을 가리킨다. 주식은 위험자산이므로 주식편입 비율이 낮은 상품일수록 안정성이 높다고 해서 붙여진 이름이다. 그러나 주가지수 선물 등 파생상품에 대한 투자가 가능하다면 주식편입 비율이 30% 이하라고 해서 결코 안정적이라고 할 수 없다는 점을 유념해야 한다.

따라서 안정형 상품을 고른다면 파생상품에 투자가 가능한지, 그렇다면 위험회피(헤지)용으로만 파생상품 투자를 하는지 아니면 투기성(스펙) 거래도 가능한지를 살펴야 한다. 스펙 거래가 가능하다면 주식편입 비율이 30% 이하라도 결코 안정형 주식투자 펀드가 아니다.

애셋 애로케이션(Aseet Allocation)

투자된 자금을 복수의 서로 다른 자산에(Asset)에 배분(Allocation)하는 투자전략을 말한다. 이러한 투자전략을 이용하는 펀드는 투자하는 자산을 주식 또는 채권에만 한정하지 않고 시장환경에 따라 복수의 투자자산에 분산투자를 한다. 예를 들면 주식에 50%, 채권에 30%, 파생상품에 10%, 유동자산에 10%와 같이 자산분배를 한다.

각 운용회사는 독자적인 방법에 따라 자금을 분배한다. 일단 배분비율을 결정하고 난 후에 배분비율을 변경하지 않는 운용방법과 시장환경에 대응하여 임기응변식으로 각 자산의 투자비율을 변경하는 운용방법이 있다. 후자의 방법을 다이내믹 애셋 애로케이션(Dynamic Asset Allocation)이라고 한다.

오프쇼어 펀트(Offshore Fund)

오프쇼어 펀드를 글자 그대로 해석하면 '해안선의 밖에 있는 펀드'가 된다. 이 말은 원래 영국에서 사용된 용어로서 영국의 투자신탁협회 해설에 의하면 "영국 이외에서 설립된 펀드로서 채널 아일랜드(Channel Islands) 및 맨 아일랜드(Man Islands)를 포함한다"고 되어 있다. 이 정의에 의하면 미국의 펀드나 프랑스의 펀드도 영국에서 보면 오프쇼어 펀드가 된다. 그러나 일반적으로 오프쇼어 펀드를 말할 때는 하나의 조건이 추가되는 것이 보통이다. 그것은 펀드 자체 및 투자자에게 세금이 저렴한 속령(屬領), 결국 조세 회피지(Tax Haven)에 설립된다는 것이다. 통상 이러한 지역은 규제도 완만하다.

세제상 또는 규제상의 장점을 추구하는 오프쇼어 펀드를 설립하고, 그것을 자국에 역수입하여 판매하는 경우가 무척 많다. 오프쇼어 펀드의 설립지로서는 룩셈부르크(Luxemburg)와 리히텐슈타인(Lichtenstein)이라는 유럽대륙의

나라를 포함하여 버뮤다(Bermuda), 케이만 제도(諸島), 모리셔스(Mauritius) 등이 있다. 펀드의 수는 1,500개가 넘을 것으로 보인다.

외국인 전용 수익증권(외수증권)

국내의 투자신탁회사가 증권투자신탁업법에 의거해 수익증권을 발행하고, 국내외의 중개기관을 통하여 외국환관리법상의 비거주자에게 판매하는 국제증권투자신탁으로, 판매지역만이 국제화되어 있는 비교적 단순한 형태이다.

운용보고서

펀드가 어떻게 운용되고, 그 결과 어떻게 되었는가를 운용내용과 비교하여 설명하는 보고서이다. 그 주요 내용은 특정 기간 동안 운용경과의 개요, 자산·부채·신탁원본 등에 관한 사항, 각 유가증권의 포트폴리오에 관한 사항, 운용 전문인력에 관한 사항 등이 도표 등을 활용해 이해하기 쉽게 설명되어 있다.

원금보전형 펀드

원금보존형과 구분해야 한다. 원금보존형은 채권 등에 투자했을 때 기대되는 수익의 범위 내에서만 주식 등에 투자, 최소한 원금이 보존되는 상품을 가리킨다. 그러나 원금보전형은 주식 등 위험상품에 투자했다가 손실이 발생할 경우 위탁회사(투신사 및 투신운용사)가 손실을 보전, 최소한 원금에 손상이 가지 않도록 하는 상품이다. 한때 정부가 주식시장을 부양하기 위해 투신사에 허용한 상품이지만 지금은 판매되지 않고 있다.

원금보존형 펀드

채권, 주식, 선물에 적절한 비율로 투자해 손실위험을 줄이는 펀드로 약세장에서 투자하기에 유리하다. 주가급락에 따른 고객의 손실을 최소화하기 위해 설계된 펀드로 신탁재산 중 일부(30% 이하)만 주식에 투자하고 나머지는 할인채 등 채권으로 운용한다. 주가하락으로 손실이 발생하더라도 채권투자에서 만회할 수 있어 원금잠식을 막는다.

인덱스형 주식투자신탁

KOSPI 200 지수 등 주가의 인덱스(Index, 주가지수)에 연동하는 운용성과를 목표로 하는 주식투자신탁을 말한다. 예전에는 KOSPI 200 지수를 매입하는 니즈(Needs)를 충족하기 위해서는 KOSPI 200 지수에 채택된 주식을 전부 구입해야만 했기 때문에 이에 상당하는 자금이 없을 때는 불가능했다. 그러나 인덱스형 투자신탁의 등장으로 일반투자자들도 소액의 자금으로 인덱스 와 똑같은 투자효과를 얻을 수 있게 되었다.

인컴 게인(Income Gain)

투자신탁의 수익은 인컴 게인(Income Gain)과 캐피털 게인(Capital Gain)으로 크게 분류할 수 있다. 인컴 게인은 공사채의 이자, 주식의 배당금 등으로부터 얻는 수익을 말한다. 반면에 캐피털 게인은 보유증권의 가격상승에 의한 수익을 말한다.

일반 사무수탁 회사

증권투자회사의 위탁을 받아 주식발행의 명의개서에 관한 사무, 주식의 발행에 관한 사무, 증권투자회사의 운영에 관한 사무, 계산에 관한 사무, 법령 또는 정관에 의한 통지 및 공고, 이사회 또는 주주총회의 소집 및 운영에 관한 사무, 기타 증권투자회사로부터 위임받은 업무 등을 행하는 자를 말한다.

자사주 펀드

주식형 펀드의 한 종류. 상장기업이 자기 회사 주식의 가격안정을 위해 여유자금을 투신사에게 맡기면 투신사는 이 자금으로 해당 기업의 주가가 하락하면 매입했다가 상승하면 매도하는 식으로 운용한다. 이 펀드도 원금보전형 펀드처럼 증시안정을 위해 정부가 특별히 승인해준 것이다. 정부가 공인한 작전용 펀드라는 비난을 받기도 했다.

자산보관회사

신탁법에 의한 신탁회사, 신탁업을 영위하는 금융기관으로서 증권투자회사의 위탁을 받아 그 자산의 보관 및 이와 관련된 업무를 행하는 자를 말한다.

자산운용회사

투자고객들로 부터 위탁받은 자산들을 모아 채권이나 주식 등의 투자자산에 투자운용하여 실현된 결과를 투자자의 투자비율에 따라 배분하는 투자운용 전문회사를 말한다.

잔고좌수

입출금 거래의 결과로서 현재 투자자가 보유하는 수익증권의 잔고량을 말한다. 이를 기준으로 투자자의 수익을 계산한다.

조기상환

신탁기간이 정해져 있는 투자신탁에서도 대량 해약에 의해 잔존하는 순자산가액이 미리 정한 수준을 하회하면 그 투자신탁의 상환일까지 계속하지 않고 중도에 상환하는 것을 말한다. 통상적인 경우에는 투자신탁설명서의 신탁기간이라는 난에 그 조건이 기재되어 있다.

좌(Share)

수익증권의 매매 기본 단위. 투자신탁, 즉 펀드가 만들어질 당시에는 통상 1좌의 가치는 1원이다. 그러나 편의상 1,000좌당 몇 원으로 표현되며, 이를 기준가격 혹은 기준가라고 부른다. 기준가는 또 1,000.00원으로 소수점 둘째자리까지 나타내며, 처음 펀드가 만들어질 때는 보통 1,000좌당 1,000.00원으로 출발한다. 이후 펀드가 투자한 주식, 채권 등의 가치가 변함에 따라 좌당 가치도 변하게 된다. 그러나 외국인 전용 수익증권 등 특수한 경우 최초 기준가격이 5,000.00원, 10,000.00원, 6,255.00원 등인 펀드도 있다.

증권투자회사

자산을 유가증권 등에 투자하여 그 수익을 주주에게 배분하는 것을 목적으로 증권투자회사법에 의해 설립된 회사를 말한다.

차익거래 펀드

주식투자에는 직접투자든 간접투자든 언제나 위험이 있다. 그러나 위험이 거의 제로에 가까우면서도 시중금리 이상의 수익을 올릴 수 있는 금융상품이 있다. 바로 차익거래 펀드 금융상품이다. 차익거래는 주가지수 선물가격이 만기가 되면 현물지수(즉 KOSPI 200 지수)와 같아진다는 원리를 이용하여 현물지수와 선물지수의 차이가 클 때 행하는 것으로서 보통 증권사 프로그램 매매도 차익거래이다.

차익거래는 매수 차익거래(프로그램 매수)와 매도 차익거래(프로그램 매도) 두 가지로 나뉜다. 매수 차익거래(프로그램 매수)는 선물가격이 현물가격에 비해 현저히 고평가되었을 경우 선물을 매도하고 현물을 매수하는 거래를 말한다. 매도 차익거래(프로그램 매도)는 매수 차익거래와 반대로 선물가격이 현물가격보다 낮을 경우 현물을 매도하고 선물을 매수하는 거래를 말한다. 차익거래 펀드란 주식형 수익증권 중 펀드 운용시 차익거래를 이용하는 펀드를 말한다.

차익거래 펀드 자산운용 방법은 평상시에는 펀드 자산의 50~60%를 채권, CD(양도성 예금증서), CP(기업 어음) 등에 투자하고 나머지는 현금자산으로 운용하다가, 차익거래의 기회가 포착될 때 프로그램 매매를 실시한다.

차익거래 펀드의 장점은 주가등락과 관계없이 시중금리 이상의 수익을 얻을 수 있다는 것이다. 장세불안기에 일반인은 주식투자 위험이 커지는 데 비해 차익거래 펀드는 변동폭이 커지는 장세불안기에 더욱 유리하며 위험성이 거의 제로에 가깝다. 반면 단점은 일반적으로 주가상승기에는 다른 주식형 펀드보다 수익률이 떨어질 수 있다.

채권시가 평가제

채권시가 평가제도는 채권가격이 변동하면 그 변동한 가격을 그대로 펀드가격, 즉 기준가격에 반영하자는 제도이다. 채권가격은 시중금리가 상승하면 하락하고 시중금리가 하락하면 반대로 채권가격이 상승한다. 따라서 금리상승으로 채권가격이 떨어지면 공사채형 펀드의 수익률도 마이너스가 될 수 있다. 주식형 펀드와 마찬가지로 공사채형 펀드도 원금손실을 보게 되는 셈이다.

채권시가 평가제가 도입됨에 따라 이제 공사채형 펀드도 더 이상 안정적인 저축수단이 될 수 없게 되었다. 1998년 8월 15일부터 이 제도가 도입돼 일부 채권형 펀드에 적용되었으며 아직 일반화되지는 않았지만 99년 들어 만들어진 대부분의 주식형 펀드들은 채권시가 평가제도를 적용하고 있다.

추가형 투자신탁

언제라도 가입(구입) 또는 환매가 가능하고 신탁기간이 정해져 있지 않은 것을 추가형 투자신탁(Open-end)이라고 한다. 자유롭게 구입과 환매가 가능하기 때문에 시장상황이나 금리 등을 고려하여 시의적절하게 자산운용을 할 수 있다.

카멜레온 펀드

전환형 펀드라고도 한다. 수수료 없이 주식형에서 공사채 펀드로, 공사채 펀드에서 주식형으로 돌릴 수 있는 상품을 말한다. 주변 환경에 따라 색을 자유자재로 바꾸는 카멜레온과 유사하다 해서 붙여진 이름이다.

카멜레온 펀드는 일정한 목표수익률을 달성하면 공사채로 자동 전환되는 상품(상품분류상 목표달성형과 같다)이 있고, 고객이 원할 때 공사채형으로 전환할 수 있는 상품도 있다. 물론 이 펀드들은 공사채형 펀드로 먼저 가입했다가 주식시장 동향을 살펴 중도에 주식형 펀드로 전환도 가능하다. 단 전환할 수 있는 횟수는 제한을 두고 있다.

캐피털 게인(Capital Gain)

주식과 채권 등의 매매 또는 평가에 의한 수익을 말한다. 이것과 비교하여 주식의 배당금과 예금의 이자 등과 같은 것을 인컴 게인(Income Gain)이라고 한다.

컨트리 펀드(Country Fund)

특정 국가나 지역의 주식에 집중적으로 투자하는 외국 투자신탁을 말한다. 협의로는 이 가운데 1개 투자회사로서 뉴욕, 런던 등의 증권거래소에 상장되어 외국 주식으로서 매매되는 회사형 외국 투자신탁을 가리킨다.

한국 시장에서는 컨트리 펀드의 상장은 인정되지 않는다. 인기는 아직 높지 않지만 태국이나 인도네시아 등 아시아 여러 나라를 대상으로 한 펀드가 설립되고 있다. 외국인 투자규제가 강한 국가를 대상으로 하는 새로운 투자기법으로 주목받고 있다.

코리아 펀드(Korea Fund)

한국 증권시장에서 투자활동을 할 수 있는 외국인들의 수익증권이다. 1984년 7월에 설립됐으며, 초기 자본은 6,000만 달러였으나 86년 5월 4,000만 달러를 증자해 자본금을 1억 달러로 늘렸다.

미국에서 자금을 모아 설립한 기금으로 한국 상장기업 주식을 매매, 차익과 배당소득을 취득해 투자자에게 분배해주는 제도이다. 외국인 전용 수익증권의 운용은 한국의 투신사가 맡고 있으나 코리아 펀드는 미국측 관리회사가 직접 운용한다.

투자신탁 보수

투자신탁의 운용 및 관리비용이다. 다시 말해 재산을 운용해준 대가로 고객이 지불하는 비용이다. 통상 연율로 표시되며, 신탁보수에는 위탁자 보수(판매보수, 운용보수), 수탁자 보수, 성공보수, 자문보수 등이 있고 뮤추얼펀드는 여기에 감사보수가 추가된다. 신탁보수율은 투신사마다, 상품마다 다르게 책정되어 있다. 통상 공사채형은 1%, 주식형은 2% 정도이나 경우에 따라서는 3%를 넘는 것도 있다.

투자신탁설명서/투자설명서

투자신탁의 모집 또는 판매할 때 펀드의 개요가 기재되어 있는 설명서를 말한다. 그 주요 내용은 펀드의 특색, 운용의 기본 방침, 비용과 세금, 운용 전문인력에 관한 사항 등이 이해하기 쉽게 기재되어 있다. 투자자는 펀드를 구입할 때 반드시 투자신탁설명서 또는 투자설명서를 검토해야 한다.

트래킹 에러(Tracking Error)

증권, 투신 등 기관투자가들은 현물과 선물 간의 비정상적인 가격차이를 이용해 거래차익을 얻기 위해 프로그램 매매를 하고 있다. 이러한 프로그램 매매를 할 때 KOSPI 200 지수의 추이를 쫓기 위해 시가총액 상위종목들을 우선적으로 바스켓에 편입시켜야 하는데 잘못된 종목이 편입됐거나 편입했어야 할 대형주를 빠뜨릴 경우 프로그램 매매에 실패하거나 손실이 발생하게 된다. 이를 전문용어로 트래킹 에러가 발생했다고 한다.

펀드매니저(Fund Manager)

자산운용회사, 연금 등 기관투자가의 투자운영 담당자. 펀드매니저는 자신의 전문지식에 기초하여 독자적인 투자판단을 내리고 자산을 운용한다. 펀드매니저에게는 투자계획을 수립하여 자산의 성격에 따라 최대한의 투자수익을 올리도록 노력할 것이 요청된다. 따라서 펀드매니저의 중대한 임무는 자금사정의 변화 및 주식시장의 변동에 따른 포트폴리오(portfolio, 투자자산의 구성)를 조정, 항상 최대한의 이익을 얻을 수 있도록 투자계획을 세우는 것이다.

펀드 유형

펀드를 유형별로 분류하면 크게 공사채형과 주식형으로 구분된다. 공사채형의 경우는 환매수수료 체제에 따라 펀드 유형을 분류한다. 즉 펀드에 투자할 때 투자예치 가능 기간별 구분이다. 기간별로 초단기형, MMF형, 단기형, 중기형, 장기형, 2년 이상형, 분리과세형 등으로 나눈다.

주식형의 경우는 주식편입 비율에 따라 펀드 유형을 분류한다. 즉 주식투자 가능 비율에 따른 구분이다. 약관상의 주식편입 비율에 따라 안정형, 안정성장형, 성장형, 자산배분형, 파생상품형 등으로 구분한다. 성장형의 경우 다시 주식편입 비율 70~79%형, 80~89%형, 90% 이상형으로 세분한다.

폐쇄형

일정 기간(보통 1년) 동안 환매가 불가능한 펀드를 말한다. 유동성이 떨어져 단기간 자금을 운용하기에는 부적합하다. 이를 보완해주기 위해 증권거래소나 코스닥에 상장해서 매매를 허용하고 있다. 펀드의 운용수익률이 높으면 가격상승이나 할인율 감소 등이 있을 수도 있다. 주식의 가격은 수요-공급에 따라 결정되며 추가설정은 증자를 통해서 이루어진다.

하이일드 펀드(High Yield Fund)

그레이 펀드(Gray Fund, 일명 하이일드 펀드)는 저금리 시대에 위험을 감수하고서라도 높은 수익을 원하는 투자자들에게 적격인 상품이다. 이 펀드는 주로 신용등급 BB+ 이하(투자 부적격 상태)에 있는 기업의 채권이나 기업 어음(CP)에 최소 1년 이상 투자해 실적배당 방식으로 운용된다.

그러나 투자를 잘 했을 때는 월등히 높은 수익을 얻을 수 있지만, 반대의 경우엔 원금마저 날려버릴 위험이 있다는 점을 명심해야 한다. 투신사들은 이에 대비해 개인 대상 상품에 한해 펀드 규모의 5~10%를 자체 출자할 예정이나 원리금 모두를 책임지는 것은 아니다. 또 폐쇄형 상품이기 때문에 만기까지 중도 환매를 할 수 없다. 가입 후 180일 미만 시점에서 해약할 경우, 이익금의 70% 이상을 수수료로 내야 한다. 펀드가 나중에 거래소에 상장되면 수익증권을 팔아서 현금화할 수 있으나, 증권시장에서 주식형 펀드의 거래가가 대체로 시세보다 20% 할인되는 수준인만큼 손실부담이 불가피하다.

해외투자 펀드

국내 투자자를 대상으로 수익증권을 발매하여 조성한 자금으로 주로 해외 증권시장에 상장된 유가증권에 투자, 운용하는 국제 투자신탁이다. 내국인 투자자에게 해외 유가증권에 대한 간접투자의 기회를 부여한다.

헤지 펀드(Hedge Fund)

헤지 펀드는 대개 100명 미만의 투자자들로부터 개별적으로 자금을 모아 증권·외환시장 등 국제 금융시장에서 다양한 파생상품에 투자해 단기 이익을 올리는 투자신탁 형태의 금융상품 펀드를 의미한다. '임의자본' 형태여서 금융당국의 규제를 거의 받지 않는 등 전형적인 단기 투기자본의 성격이 강하다. 이 때문에 국제 금융불안의 주요 원인으로 비판받기도 한다.

헤지 펀드는 기금·연기금, 대학·은행 등 소수의 투자자들의 자금을 모아 파트너십을 결성한 후에 카리브해의 버뮤다 제도 등과 같은 조세회피 지역에 거점을 설치하고 자금을 운영한다. 뮤추얼펀드도 유사한 형태이나 투자자 보호 등과 관련된 당국의 보호 유무에서 차이가 있다.

1949년 알프레드 W.존스에 의해 처음 설립된 것으로 알려져 있는 헤지 펀드는 초기에는 소수 부유층을 상대로 자금을 모아 투자하는 사모 펀드의 성격이었으나 투자자층이 중산층과 일반 고객으로까지 확대되었다. 2002년 말 현재 미국 내에만 6,000~7,000개의 헤지 펀드가 있으며, 그 자산은 1조 달러 이상으로 추정되고 있다.

조지 소로스의 '퀀텀 펀드'가 전 세계 헤지 펀드의 절반 이상을 차지하는 것으로 알려져 있으며, 골드만삭스, 시티그룹 등 세계 유명 투자은행들도 헤지 펀드를 운용하고 있다.

환매 금지기간

효율적이고 계획적인 운용을 위하여 구입 후에 일정 기간(또는 상환할 때까지)은 원칙적으로 환매(해약)할 수 없는 기간을 설정한 투자신탁이 있다. 이 기간 중에는 본인의 사망 등 약관에 미리 정한 사유 이외에는 환매가 불가하다. 구입할 때 반드시 확인해야 할 사항이다.

환매수수료

환매수수료는 수익증권을 환매(투자자의 입장에서는 출금 또는 해지)할 때 수익자로부터 징수하는 것이다. 수익자의 환매를 억제함으로써 투자신탁의 운용에 안정을 기하고 환매에 따른 사무처리 비용을 충당하기 위해 징수하는 일종의 중도 해지에 따른 위약금(Penalty) 또는 수수료(Fee, Charge)의 성격을 갖는다.

회사형 투자신탁

회사형 투자신탁 또는 증권투자회사라 함은 자산을 유가증권 등에 투자하여 그 수익을 주주에게 배분하는 것을 목적으로 설립된 회사를 말한다.

MMF(Money Market Fund)

시장금리 연동형 펀드. 고객의 돈을 모아 금리가 높은 CP, CD, 콜 등 단기 금융상품에 집중투자해 여기서 얻은 수익을 되돌려주는 실적배당형 상품. 고수익 상품에 운용하기 때문에 다른 종류보다 돌아오는 수익이 높은 게 보통이다. MMF가 우리나라에 도입될 당시에는 자금을 맡긴 지 하루 만에 되찾아도 환매수수료가 없었으나, 현재는 29일 이전에 되찾을 경우에는 환매수수료를 물어야 하므로 30일 이상의 자금 운용에 적합한 상품이다.

3일 환매

환매방식의 한 유형. 3일 환매제는 시가평가제가 적용되는 공사채 펀드를 대상으로 실시되고 있다. 1일 출금을 신청했다면 출금은 3일, 그날 아침 기준가로 자금을 인출할 수 있다. 주식을 증권시장에서 판 후 이틀 뒤에 실제 출금할 수 있는 것과 같은 원리이다.

4일 환매

1998년 하반기부터 제도가 변경돼 새로 만들어지는 주식형 펀드에 4일 환매제가 도입됐다. 현재 시판되는 주식형 펀드 대부분은 4일 환매제를 채택하고 있다. 예를 들면 1일 출금을 신청하면 3일 아침 발표되는 기준가격으로 4일 출금할 수 있는 환매방식을 말한다.

날짜 계산은 철저히 영업일 기준이다. 주식형 펀드 중 1999년 9월 16일부터 새로 설정된 펀드들은 공사채형과 달리 토요일을 영업일에 포함시키지 않고 있다는 점을 유념해야 한다.

자산운용사

회사명	대표전화	우편번호	주소	홈페이지
골든브릿지자산운용	02-360-9555	100-707	서대문구 충정로3가 222번지	www.gbam.co.kr
교보투신운용	02-767-9600	150-737	영등포구 여의도동 26-4(교보증권BD 12층)	www.kyoboitm.co.kr
굿앤리치자산운용	02-783-4321	150-010	영등포구 여의도동 12(CCMM빌딩 9층)	www.goodnrich.co.kr
글로벌에셋자산운용	02-780-2545	150-745	영등포구 여의도동 27-1(한국투자신탁BD 16층)	http://globalasset.co.kr
기은SG자산운용	02-727-8812	100-782	중구 을지로 1가 87(삼성화재빌딩 7층)	http://ibksgam.co.kr
동협CA투신운용	02-368-3600	150-724	영등포구 여의도동 23-6(한국HP빌딩 5층)	www.nonghyup-ca.com
대신투신운용	02-769-3247	150-884	영등포구 여의도동 34-8(대신증권BD)	www.ditm.co.kr
대한투신운용	02-3771-7114	150-705	영등포구 여의도동 27-3(대한투자신탁BD 15층)	www.dimco.co.kr
도이치투신운용	02-724-7400	110-752	종로구 서린동 33(영풍빌딩 19층)	www.deam-korea.com
동부투신운용	02-787-3700	150-745	영등포구 여의도동 36-5(동부증권BD 11층)	www.dongbuitm.co.kr
동양투신운용	02-3770-1300	150-707	영등포구 여의도동 23-8(동양종금증권BD 14층)	www.tongyangfund.com
동원투신운용	02-786-0021	150-747	영등포구 여의도동 34-7(동원증권BD 14층)	www.dwtrust.co.kr
랜드마크투신운용	02-3774-0800	150-709	영등포구 여의도동 23-3(하나증권BD 6층)	www.lmtrust.com
마이다스에셋자산운용	02-3787-3500	150-709	영등포구 여의도동 23-3(하나증권BD 8층)	www.midasasset.co.kr
마이에셋자산	02-3774-6114	150-010	영등포구 여의도동 34-9(한국증권금융BD 10층)	www.mai.co.kr
맥쿼리IMM자산	02-3782-2300	100-755	중구 소공동 110(한화BD 4층)	www.maqimm.co.kr

회사명	대표전화	우편번호	주소	홈페이지
맵스자산운용	02-761-2552	150-878	영등포구 여의도동 25-15	www.mapsasset.com
미래에셋자산	02-782-5100	150-891	영등포구 여의도동 45-1(미래에셋BD)	www.miraeasset.co.kr
미래에셋투신운용	02-3770-1500	150-891	영등포구 여의도동 45-1(미래에셋BD)	http://trust.miraeasset.com
신은자산운용	02-3774-8000	150-724	영등포구 여의도동 23-6(한국투자빌딩 4층)	www.kdbasset.co.kr
삼성투신운용	02-3774-7600	150-886	영등포구 여의도동 36-1(삼성생명BD)	www.samsungfund.com
슈로더투신운용	02-3783-0500	100-768	중구 태평로1가 84 (파이낸스BD 15층)	www.schroders.com
신영투신운용	02-2004-9500	150-010	영등포구 여의도동 34-8(신영증권BD 10층)	www.syfund.co.kr
신한BNPP투신운용	02-767-5777	150-712	영등포구 여의도동 23-2(굿모닝신한타워 18층)	www.shinvest.co.kr
아이투신운용	02-3772-8000	150-717	영등포구 여의도동 23-5(한화증권BD 23층)	www.iinvest21.com
알파에셋자산	02-769-7600	150-878	영등포구 여의도동 25-12(신송센터BD 10층)	www.alphaasset.com
와이즈에셋자산	02-3453-5011	135-090	강남구 삼성동 143-40(현대스위스타워 18층)	www.wiseasset.co.kr
이훈코메르쯔투신	02-3772-6700	150-876	영등포구 여의도동 23-5(한화증권BD 24층)	www.kebit.co.kr
우리투신운용	02-3770-0701	150-010	영등포구 여의도동 23-8(동양증권BD 15층)	www.woorigitm.com
유리자산	02-2168-7900	150-704	영등포구 여의도동 35-3(교원공제회관 7층)	www.yurieasset.co.kr
조흥투신운용	02-3770-3950	150-707	영등포구 여의도동 23-8(동양증권BD 12층)	www.chbi.co.kr
칸서스자산운용	02-2077-5000	150-712	영등포구 여의도동 23-2(굿모닝신한타워 9층)	www.consus.co.kr

회사명	대표전화	우편번호	주소	홈페이지
태광투신운용	02-2002-7500	110-786	종로구 신문로1가 226(흥국생명BD 22층)	www.tkit.co.kr
푸르덴셜자산운용	02-3770-7114	150-725	영등포구 여의도동 23-4(현대투신BD 17층)	www.hdfund.co.kr
프랭클린템플턴투신	02-3774-0600	150-734	영등포구 여의도동 23-10	www.franklintempleton.co.kr
플러스자산	02-3787-2700	150-742	영등포구 여의도동 27-2(사학연금회관 13층)	www.plusasset.com
피델리티자산운용	02-3783-0903	100-768	중구 태평로1가 84	www.fidelity.co.kr
하나알리안츠투신	02-3771-2900	150-709	영등포구 여의도동 23-3(하나증권BD 11층)	www.hanaallianz.com
한국투신운용	02-789-4114	150-010	영등포구 여의도동 27-1	www.kitmc.com
한일투신운용	02-2129-3300	150-710	영등포구 여의도동 23-9(서울증권BD 7층)	www.hitmc.co.kr
한화투신운용	02-3772-6000	150-717	영등포구 여의도동 23-5(한화증권BD 9층)	www.koreatrust.co.kr
CJ자산운용	02-727-2700	100-760	중구 장교동 1(장교빌딩 9층)	www.cjfund.com
KB자산운용	02-2167-8260	150-712	영등포구 여의도동 23-2(؟모닝신한타워 25층)	www.kbitm.co.kr
KTB자산	02-788-8400	150-974	영등포구 여의도동 45-2(삼보컴퓨터BD 17층)	www.i-ktb.com
LG투신운용	02-789-0300	150-890	영등포구 여의도동 44-37(증권투자신탁BD)	www.lgfunds.com
PCA투신운용	02-2126-3500	150-876	영등포구 여의도동 23-2(؟모닝신한타워 15층)	www.pcaasset.co.kr
SEI에셋코리아자산	02-3788-0500	100-782	중구 을지로1가 87(삼성화재BD 7층)	www.seiak.co.kr

투자자문사

회사명	대표전화	우편번호	주소	홈페이지
내외에셋투자자문	02-3775-1240	150-995	영등포구 여의도동 34-2(부국증권BD 12층)	www.naewayasset.co.kr
대유투자자문	02-768-4888	150-716	영등포구 여의도동 34-3(대우증권BD 12층)	www.dae-yu.com
델타투자자문	02-6332-2000	150-724	영등포구 여의도동 23-6(한국타워빌딩 3층)	www.deltafn.com
리캐피탈투자자문	02-3775-4312	150-745	영등포구 여의도동 24	
맥투자자문	02-2125-3500	137-070	서초구 서초동 1319-5(대구빌딩 10층)	www.macfn.com
메리츠투자자문	02-782-9119	150-995	영등포구 여의도동 34-10(메리츠증권BD 7층)	www.meritzasset.com
선에셋투자자문	02-3775-1317	150-878	영등포구 여의도동 25(대한빌딩 10층)	www.sunasset.co.kr
스틱투자자문	02-3453-9922	135-280	강남구 대치동 891-43(MSA빌딩 9층)	www.sticfn.com
시카고투자자문	02-551-3700	135-090	강남구 삼성동 169-6	www.chicagofi.com
신아투자자문	02-402-5566	138-855	송파구 오금동 32-4 신아빌딩	
에셋플러스투자자문	02-501-7707	135-080	강남구 역삼동 837-11(유니온센터빌딩 303호)	www.shinahfn.co.kr
예스투자자문	02-554-8770	135-917	강남구 역삼동 702-13(성지하이츠 1302호)	www.assetplus.co.kr
유리스투자자문	02-3772-6250	150-717	영등포구 여의도동 23-5(한화증권BD 25층)	www.yesasset.co.kr
코리아오메가투자자문	02-2269-4201	100-240	중구 주자동 43-1(흥국빌딩 4층)	www.urisib.com
코스모투자자문	02-6252-1600	135-090	강남구 삼성동 143-40(현대스위스타워 17층)	www.koreaomeaga.com
템피스투자자문	02-761-2346	100-021	중구 명동 1가 1-1(YMCA빌딩 6층)	www.cosmoasset.com
				www.tempis.co.kr

부록 : 자산운용사 / 투자자문사

회사명	대표전화	우편번호	주소	홈페이지
튜브투자자문	02-3448-4410	135-895	강남구 신사동 627-17(HB빌딩 6층)	www.tubeasset.com
패러곤투자자문	02-754-2070	100-192	중구 을지로2가 163-3(보승빌딩 13층)	www.paragonfn.com
페타포투자자문	02-3770-0700	150-738	영등포구 여의도동 23-7(유화증권BD 19층)	www.petafo.co.kr
피데스투자자문	02-567-8400	150-737	영등포구 여의도동 26-4 (교보증권BD 13층)	www.fides.co.kr
한가람투자자문	02-2288-6720	110-752	중구 남대문로5가 581(서울시티타워 8층)	www.himc.co.kr
한셋투자자문	02-3772-8200	150-717	영등포구 여의도동 23-5(한화증권BD 23층)	www.hansset.com
B&F투자자문	02-6747-7700	150-886	영등포구 여의도동 36-5(동부증권BD 10층)	www.bnf.co.kr
IMM투자자문	02-3783-0050	100-725	중구 소공동 110(한화빌딩 4층)	www.imm.co.kr

중앙경제평론사
중앙생활사

Joongang Economy Publishing Co./Joongang Life Publishing Co.

중앙경제평론사는 앞서가는 오늘, 보다 나은 내일이라는 신념 아래 설립된 경제·경영 전문 출판사로서 성공을 꿈꾸는 직장인, 경영인에게 전문지식과 자기계발의 지혜를 주는 책을 발간하고 있습니다.

펀드투자 아는 만큼 고수익 올린다
Fund Investment Strategy

초판 1쇄 발행 | 2005년 3월 17일
초판 4쇄 발행 | 2007년 3월 21일

지은이 | 김재욱·염후권(Jaeuk Kim · Hoogwon Yeom)
펴낸이 | 최점옥(Jeomog Choi)
펴낸곳 | 중앙경제평론사(Joongang Economy Publishing Co.)

대　표 | 김용주
편　집 | 한옥수·최진호
기　획 | 박기현
디자인 | 유문형
마케팅 | 정창일·전지훈
인터넷 | 김회승

잘못된 책은 바꾸어 드립니다.
가격은 표지 뒷면에 있습니다.

ISBN 89-88486-77-3(04320)
ISBN 89-88486-53-6(세트)

등록 | 1991년 4월 10일 제2-1153호　주소 | ⓤ100-430 서울시 중구 흥인동 3-4 우일타운 707·708호
전화 | (02)2253-4463(代) 팩스 | (02)2253-7988
홈페이지 | www.japub.co.kr 이메일 | japub@unitel.co.kr | japub21@empal.com
♣ 중앙경제평론사는 중앙생활사와 자매회사입니다.

Copyright ⓒ 2005 by 김재욱·염후권
이 책은 중앙경제평론사가 저작권자와의 계약에 따라 발행한 것이므로 본사의 서면 허락 없이는
어떠한 형태나 수단으로도 이 책의 내용을 이용하지 못합니다.

▶홈페이지에서 구입하시면 많은 혜택이 있습니다.

※ 이 도서의 국립중앙도서관 출판시도서목록(CIP)은 e-CIP 홈페이지(www.nl.go.kr/cip.php)에서
　이용하실 수 있습니다.(CIP제어번호: CIP2005000353)

중앙경제평론사 재테크 시리즈

❶ **무역실무 아는 만큼 수출입 쉽게 할 수 있다**
수출·수입의 핵심 포인트, 무역서류의 작성과 수속절차 해설! 인터넷 무역시대의 실전무역을 그림으로 알기 쉽게 설명!
기무라 마사하루 지음 | 권영구 편역 | 신국판 | 328쪽 | 12,900원

❼ **돈버는 프랜차이즈 쉽게 배우기**
프랜차이즈 시작 전 알아두어야 할 필수사항 소개 및 프랜차이즈의 효율적인 운영방법과 성공적인 마케팅 전략 제시.
이광종 지음 | 신국판 | 276쪽 | 10,000원

❽ **초보자가 가장 알고 싶은 실전 부동산 경매입문** (최신판)
경매의 진행절차, 경매정보 보는 요령, 저렴하게 내 집 마련하는 방법, 경매 취하 및 응찰요령 등을 설명.
전철 지음 | 신국판 | 272쪽 | 12,000원

❾ **당신도 무역을 할 수 있다**
실무를 위한 무역실무, 수출입 실전사례, 초보자를 위한 어드바이스 등의 내용을 수록한 창업을 위한 무역 입문서.
이기찬 지음 | 신국판 | 304쪽 | 12,000원

❾ **단돈 100만원만 있어도 창업할 수 있다**
실전 창업의 달인이 들려주는 실업난과 불황시대를 뛰어넘는 소자본 창업 성공전략서!
정병태 지음 | 신국판 | 344쪽 | 13,900원

㉑ **프랜차이즈 알고 창업하면 성공한다** ❷ 창업편
프랜차이즈의 장단점 및 인기 비결 등 전문가의 진단으로 예비 창업자를 위한 알찬 정보를 제공한다.
박원휴 지음 | 신국판 | 292쪽 | 12,000원

⓯ **창업귀신이 되지 않으면 성공은 없다**
창업준비에서 창업실무·경영실무까지 핵심을 짚어가며 구체적으로 소개한 소자본 점포창업 지침서.
박경환 지음 | 신국판 | 532쪽 | 14,500원

㉒ **재개발·재건축 투자 어떻게 할까요?** (최신 개정판)
도급제, 비례율, 감정평가액 등 관련용어에서부터 원리와 방법, 성공 노하우까지를 초보 투자자의 입장에서 짚어 보았다.
전철 지음 | 신국판 | 336쪽 | 15,000원

⓰ **오퍼상이나 해볼까?** (최신 개정판)
프로 오퍼상의 생생한 현장 경험과 다양한 실전사례가 망라된 오퍼상 창업 실무지침서.
이기찬 지음 | 신국판 | 316쪽 | 12,000원

㉖ **프랜차이즈 사업 당신도 쉽게 할 수 있다**
10여 년간 현업에 종사하면서 실전경험을 쌓아온 저자가 프랜차이즈 예비창업자들이 최대의 실패의 위험을 줄이고 창업에 성공할 수 있는 방법을 11단계 과정별로 알기 쉽게 설명한 책이다.
서민교 지음 | 신국판 | 392쪽 | 15,000원

㉗ 실전 인터넷 무역 쉽게 배우기
인터넷 무역의 의미, 최근 흐름, 성공사례와 함께 인터넷 무역 절차에 따른 해외바이어 찾기, 거래제의, 거래조회, 신용조회, 오퍼, 주문 등 완전 실무중심으로 구성된 책이다.
염홍기·한혁 지음 | 신국판 | 372쪽 | 15,000원

㉛ 변액 유니버설보험 제대로 알면 성공한다
변액보험, 유니버설보험, 변액유니버설보험, 통합보험, 종신보험, CI보험, LTC보험 등 최근 각광받고 있는 주요 보험상품의 선택기술을 집중 소개.
김동범 지음 | 신국판 | 284쪽 | 12,000원

㉘ 프랜차이즈 제대로 알면 당신도 CEO
프랜차이즈 사업계획, 본부설립, 가맹점 창업, 서비스 개발과 공급, 마케팅 활동, 유망업종 분석 등 프랜차이즈 사업의 전과정을 심도있게 분석 정리한 책이다.
이광종·박상익 지음 | 신국판 | 400쪽 | 15,000원

㉜ 돈 잘버는 꽃집 만들기 100문 100답
꽃집 경영자나 예비 창업자에게 꽃집 경영에 꼭 필요한 노하우 100가지를 선별하여 문답식으로 알기 쉽게 정리.
허북구 외 지음 | 신국판 | 244쪽 | 12,000원

㉙ 성공하는 쇼핑몰 창업 나도 할 수 있다
인터넷 쇼핑몰 창업에 관심있는 사람들을 위한 안내서로 이론보다는 현장에서 활용할 수 있는 실전위주의 책이다. 저자만의 쇼핑몰 창업 노하우를 누구나 알기 쉽게 문답식으로 풀어썼다.
장종수 지음 | 신국판 | 292쪽 | 12,000원

㉝ 소중한 인생자금 변액유니버설보험으로 설계하라
보험, 더 이상 보장만으로 만족할 수 없다. 소중한 내 돈 투자수익까지 고려한다면 변액유니버설보험만한 상품이 없음을 강조한다.
안정빈 지음 | 신국판 | 176쪽 | 10,000원

㉚ 펀드투자 아는 만큼 고수익 올린다
펀드의 정의, 유형, 투자방법을 단계별로 설명하며, 특히 시장상황이나 개인사정에 따라 적절히 투자할 수 있는 13가지 펀드에 대해 자세히 안내한다.
김재욱·염후권 지음 | 신국판 | 280쪽 | 12,000원

㉞ 누구나 쉽게 할 수 있는 실전 적립식펀드 투자 길라잡이
적립식펀드의 기본 원리와 올바른 투자 방법을 소개. 적립식펀드야말로 시황에 관계없이 수익을 올릴 수 있는 최고의 투자상품임을 알 수 있게 해주는 책이다.
김재욱 지음 | 신국판 | 200쪽 | 10,900원

부자의 꿈을 이루게 해주는 중앙경제평론사 〈재테크시리즈〉는 앞으로도 계속 발간될 예정입니다.

01. 무역실무 아는 만큼 수출입 쉽게 할 수 있다	13. 급등주 발굴을 위한 세력가치분석	24. 상가·점포 투자 어떻게 할까요?
02. 창업을 위한 무역교실 300문 300답	14. 정석 데이트레이딩을 위한 시간대매매 2% 성공 전략	25. 오퍼상 어떻게 하나요?
03. 한눈에 쏙쏙 쉽게 보는 주가차트	15. 창업귀신이 되지 않으면 성공은 없다	26. 프랜차이즈 사업 당신도 쉽게 할 수 있다
04. 프로투자자를 위한 주가분석 매매술	16. 오퍼상이나 해볼까?(최신 개정판)	27. 실전 인터넷 무역 쉽게 배우기
05. 초보자를 위한 주가차트 길라잡이	17. 돈버는 프랜차이즈 쉽게 배우기	28. 프랜차이즈 제대로 알면 당신도 CEO
07. 초보자를 위한 샘플 무역영어	18. 소자본 창업 어떻게 할까요?	29. 성공하는 쇼핑몰 창업 나도 할 수 있다
08. 초보자가 가장 알고 싶은 실전 부동산경매 입문	19. 당신도 무역을 할 수 있다	30. 펀드투자 아는 만큼 고수익 올린다
09. 단돈 100만원만 있어도 창업할 수 있다	20. 프랜차이즈 알고 창업하면 성공한다 ① (업종편)	31. 변액 유니버설보험 제대로 알면 성공한다
10. 쉽게 배우는 실전 주가차트 입문	21. 프랜차이즈 알고 창업하면 성공한다 ② (창업편)	32. 돈 잘버는 꽃집 만들기 100문 100답
11. 쉽게 배우는 실전 옵션투자 입문	22. 재개발·재건축 투자 어떻게 할까요?(최신 개정판)	33. 소중한 인생자금 변액유니버설보험으로 설계하라
12. 성공투자를 위한 실전 기술적 분석 데이트레이딩	23. 향기나는 창업 꽃집 꽃집!	34. 실전 적립식펀드 투자 길라잡이

중앙경제평론사 CP시리즈

1 트루 리더스
〈포춘〉지 선정 '직원이 선정한 최고의 기업 100'을 이끄는 성공한 리더의 진정한 리더십을 분석한 성공지침서이다.
비테 프라이스 외 지음 | 4·6판(양장) | 340쪽 | 12,000원

5 사소한 습관이 나를 바꾼다
사소해 보이지만 일상에서 꾸준히 실천하면 가정에서든, 직장에서든, 사교모임에서든 인기있는 사람으로 거듭날 수 있는 비결을 소개한다.
김근종 지음 | 4·6판(양장) | 332쪽 | 12,000원

2 나만의 성공곡선을 그리자
'세일즈 매니저 세계 대상'을 수상한 저자의 성공지침서. 암웨이 창업자 리치 디보스, 빌 게이츠 등의 성공습관도 소개되어 있다.
이시하라 아키라 지음 | 4·6판(양장) | 280쪽 | 9,800원

6 우먼파워의 성공 코드를 읽어라
21세기가 원하는 여성상을 정리한 지침서로 성공을 꿈꾸는 모든 여성들에게 영향력 있는 멘토로서의 역할을 충분히 대신해주는 책이다.
정수연 지음 | 4·6판(양장) | 288쪽 | 10,900원

3 좋은 서비스가 나를 바꾼다
호텔 서비스 분야에서 10년 넘게 일한 저자가 펴낸 서비스 실무 지침서. 언어, 행동 등 다방면에 걸쳐 어떻게 하면 상대방에게 좋은 서비스를 제공할 수 있는지에 대해 언급한다.
김근종 지음 | 4·6판(양장) | 328쪽 | 12,900원

7 아하! 유비쿼터스가 이런 거구나
이미 시작된 유비쿼터스 시대를 맞이하여 유비쿼터스에 관한 유익한 정보와 지식을 누구나 알기 쉽게 공유하고 실생활에 응용하도록 쓴 책이다.
정균승 지음 | 4·6판(양장) | 192쪽 | 10,900원

4 내 인생을 최고로 만드는 시간관리 자기관리
진정한 프로가 되는 구체적이고 효과적인 시간관리 지침서! 목표와 계획을 중심으로 그때그때 상황에 따라 유연하게 대처할 수 있는 시간관리 자기관리 기술을 총망라.
정균승 지음 | 4·6판(양장) | 288쪽 | 10,900원

8 한 번뿐인 인생 프로만이 살아남는다
어떻게 하면 개개인이 행복하고 성공한 삶을 살 수 있을까, 자신이 처한 상황에서 어떻게 하는 것이 가장 프로다운 삶일까에 대해 알려준다.
이상헌 지음 | 4·6판(양장) | 288쪽 | 10,900원

중앙경제평론사 화제의 책 & 직장인 실용서

무역영어 이렇게 하면 된다

무역 초보자들을 위해 무역영어의 실상을 다양한 각도에서 알기 쉽게 설명한다.
무역영어에서 주로 사용되는 핵심 표현과 혼동하기 쉬운 표현 등을 소개, 실전에서 응용해 쓰도록 정리한 무역영어 기본 지침서이다.

이기찬 지음 | 신국판 변형(양장) | 152쪽 | 12,000원

현명한 코칭이 인재를 만든다

소개된 30가지 코칭 원칙은 현재 자신이 처한 상황을 보다 효율적으로 다룰 수 있음은 물론 빠른 시간에 성공적인 성과를 올릴 수 있는 길로 안내한다.

마크 데이빗 지음 | 신국판 변형(양장) | 104쪽 | 9,800원

보험 잘 들면 인생 100배 즐겁다

변액보험, 유니버설보험 등 유망 보험상품 고르기, 보험가입시 유의사항, 보험 리모델링, 가입 후 체크사항 등 보험가입자들이 꼭 알아야 할 정보를 알기 쉽게 설명한다.

김동범 지음 | 신국판 | 320쪽 | 12,900원

자기관리 성공노트

성공을 꿈꾸는 사람들에게 현재 자신이 보유하고 있지만 사용하지 않는 에너지와 재능, 즉 잠재력을 효과적으로 개발할 수 있게 도와주는 52가지 자기관리 원칙을 제공한다.

마크 데이빗 지음 | 신국판 변형(양장) | 160쪽 | 9,800원

무역실무 이것만 알면 된다

장황한 이론은 생략하고 무역초보자들이 꼭 알아두어야 할 필수사항만을 간추려 설명한 책으로 누구나 자신감을 가지고 무역업을 시작할 수 있게 실전위주로 엮은 무역 안내서이다.

이기찬 지음 | 신국판 변형(양장) | 156쪽 | 12,000원

균일가 무점포 창업으로 장사기술 배우기

균일가 무점포 사업의 대부인 저자의 치열한 삶의 궤적과 독창적 사업 노하우를 설명한 책으로 창업의 꿈을 가진 사람들에게 희망의 메시지를 전해준다.

정창길 지음 | 신국판(양장) | 168쪽 | 10,900원

세계를 향한 끝없는 도전

27년 간 무역을 비롯한 다양한 국제비즈니스의 최일선에서 일해온 저자가 온갖 난관을 극복하고 성공하기까지의 과정을 감동적으로 서술한 자전에세이다.

이기찬 지음 | 신국판 | 244쪽 | 9,900원

땅따로? 집따로? 함께 보는 부동산투자

토지 투자에 대한 일반인들의 투자 유형과 유통구조, 관련법규, 건축, 분양, 세무, 법무, 대출, 감정평가 등 실무사례를 종합적으로 다루고 있다.

이완기 지음 | 신국판(양장) | 388쪽 | 17,500원

경제 아는 만큼 보인다

오랜 한국은행 근무경력이 말해주듯 국내외 경제흐름에 정통한 저자가 학생에서 일반직장인까지 꼭 알아야 할 최신 경제지식을 알기 쉽게 정리한 책이다.

조성종 지음 | 신국판 | 284쪽 | 10,900원

한달 10시간 일하고 800만원 버는 나의 무역 이야기

비즈니스 세계의 영원한 블루오션 무역으로 돈과 시간, 그리고 자유의 꿈을 실현해가는 한 청년의 감동적이고도 생생한 현장 무역이야기가 펼쳐진다.

이문영 지음 | 신국판 | 384쪽 | 12,900원